ECHT
ORIENT

Über 100 kreative Rezepte von Anna Cavelius

INHALT

Mein Orient

Wer einmal das Glück hatte, in Marrakesch, Beirut, Istanbul oder Damaskus die Gast-freundschaft der Orientalen zu genießen, weiß um echte Herzlichkeit und wohltuende Großzügigkeit. Aber auch der Besuch eines Restaurants dieser Länderküchen kann einem die Augen und Geschmackswelten öffnen. Es gibt wohl kaum bessere Gastgeber auf der Welt als die Bewohner Arabiens mit ihren zahllosen märchenhaft begabten Köchinnen und Köchen, die mit jedem Gericht der fabelhaften Orientküche ein aromatisches Großereignis hervorbringen.

Doch worin liegt ihr Geheimnis? Zum einen in einer langen Geschichte, in der Essen immer eine zentrale Rolle spielte und über Jahrhunderte Chefsache in den Küchen der Kalifen war. Hinzu kommt eine Vielfalt an Grundzutaten aus Getreide, Hülsenfrüchten und Gemüse, in der auch Lamm, Geflügel und Fisch ihren Weg in die Töpfe finden, alles schonend und langsam zubereitet. Zum anderen ist da die legendäre Gewürzvielfalt des Orients, die in ihrem Ausmaß und ihrer Jahrtausende alten Geschichte wohl einzigartig ist. Auch das Anrichten mit frischen Kräutern, Früchten und Gemüse gehört dazu und macht aus jedem Gericht, sei es noch so klein, eine essbare Arabeske.

Die uralte orientalische Tradition des Einladens, Beherbergens und miteinander Speisens ist mit dem Essen selbst untrennbar verbunden und lässt jede Mahlzeit zu etwas ganz Besonderem werden.

Mit diesem Buch lade ich Sie ein zu einer kulinarischen Reise in den Orient. Feiern Sie mit den Gerichten auf den folgenden Seiten gemeinsam mit Ihren Gästen märchenhafte Ge-schmackserlebnisse und lernen Sie die wunderbaren Spezialitäten einer unvergleichlichen Kochkultur kennen. Viel Freude dabei wünscht

Anna Cavelius

DAS WICHTIGSTE VORAB

1 Wie isst man orientalisch?

Fladenbrot ist eine wichtige Beilage und dient auch als Besteckersatz. Gegessen wird mit den Fingern, dabei nimmt man die Speisen mit dem Brot auf oder tunkt es ein.

2 Was versteht man unter Mezze?

Die traditionellen Vorspeisen von Hummus bis Falafel werden als Mezze bezeichnet. Die Speisen sind hauptsächlich vegetarisch und werden kalt serviert. Bei den Mezze lässt man sich gerne viel Zeit.

3 Wo bekomme ich Rosenwasser?

Die flüssigen Kostbarkeiten Rosenblüten- und Orangenblütenwasser sind in vielen Orient-Rezepten enthalten. Man bekommt sie in Apotheken oder in gut sortierten Lebensmittelgeschäften. Rosenblütenwasser ist ein Destillat und sehr intensiv. Eine gute Alternative ist Rosenblütensirup, den man auch im Fach- oder Internethandel bekommt.

4 Was ist eine Tajine?

So heißt in Marokko nicht nur der Tontopf mit spitzem Deckel, in dem in Nordafrika Fleisch mit Gemüse gegart wird, sondern auch das fertige Gericht.

5 Was ist dran an türkischem Joghurt?

Er wird meistens aus Schafsmilch hergestellt, ist oft deutlich fetthaltiger als unser Joghurt (etwa 10 % Fett) und schmeckt sehr sahnig und mild. Es gibt ihn in gut sortierten Lebensmittelläden oder türkischen Supermärkten. Alternativ kann man auch griechischen (Sahne-)Joghurt verwenden.

6 Fleisch oder Fisch?

Der muslimische Bevölkerungsanteil verzichtet wegen seines Glaubens auf Schweinefleisch und weicht auf andere Fleischsorten aus. Wo geangelt werden kann, gibt es Fisch.

7 Wo bekomme ich frisches Lamm?

Das können Sie beim (türkischen) Metzger vorbestellen oder Sie erkundigen sich beim Schafzuchtverband, wo sich in Ihrer Nähe ein Schäfer befindet: Diese Weideschafe werden gehütet und stehen nicht in Mastställen.

8 Was trinkt man zum Essen?

Im Orient trinkt man den ganzen Tag lang Tee. In Nordafrika gibt es Minztee, im Nahen Osten Schwarztee. Den Tee süßt man stark mit Zucker oder Honig. Beliebt sind auch frisch gepresste Fruchtsäfte.

TYPISCH ORIENTKÜCHE

Ihre Vielfalt verdankt sie der wechselvollen Geschichte des Osmanischen Reiches sowie der großen Rolle, die das Kochen an den Höfen der Kalifen spielte.

EIN FEST FÜR DIE SINNE

Zum Orient gehören die nordafrikanischen Maghreb-Staaten, also Tunesien, Algerien, Marokko sowie Libyen und Mauretanien und die arabischen Länder des Nahen Ostens. Alltag, Gesellschaft und natürlich auch die Küche sind vom Islam und seinen Regeln geprägt. Dabei ist der Islam, was das Essen anbelangt, ein Quell des feinen Geschmacks und des Genießens. Von der marokkanischen über die libanesische bis hin zur persischen, kurdischen und auch türkischen Küche, blicken alle auf ihre eigenen Küchentraditionen zurück. Und obwohl sich alle Länderküchen voneinander unterscheiden, haben sie auch ihre Gemeinsamkeiten.

Grundnahrungsmittel sind überall Hülsenfrüchte wie Linsen und Bohnen, die zu Pasten, Suppen oder Bällchen verarbeitet werden. Auch Datteln und Feigen, Pistazien und Mandeln, Linsen, Bohnen und Kichererbsen sind orientalische Küchen-Basics. Weitere Beilagen sind in Nordafrika Couscous und im Vorderen Orient Bulgur. Daneben findet man viel Reis in der orientalischen Küche. Die Speisen sind dank Minze und Petersilie, Chili, Kreuzkümmel und Zimt immer sehr aromatisch.

Das am häufigsten verzehrte Fleisch ist Lamm, von dem alle Teile, einschließlich Kopf, Innereien und Füße verarbeitet werden. Auch Hähnchenfleisch ist beliebt, gelegentlich auch Tauben. Schweinefleisch gilt bei Muslimen als unrein, wird aber auch von Christen, die in diesen Ländern wohnen, nur selten verzehrt. Die zubereiteten Fleischgerichte erhalten durch besondere Gewürzmischungen wie Ras-el-Hanout (siehe S. 15) oder Zaatar sowie durch (Salz-)Zitronen (siehe S. 25), Joghurt, Sumach oder Granatapfelsaft eine leicht säuerliche Geschmacksnote. In Küstenländern ist auch das Fischangebot groß und entsprechend eine beliebte Zutat.

Da sich die Länder des Orients über mehrere geografische Regionen und verschiedene Klimazonen erstrecken, wächst hier unheimlich viel – und ganz Unterschiedliches. So sind frische Produkte ebenfalls fester Bestandteil der Orientküche. Es werden viele Salate, Kräuter, Gemüse und Obst verwendet, weshalb es auch zahlreiche vegetarische Gerichte gibt. Man könnte jeden Tag mehrere mehrgängige Menüs kreieren und müsste lange Zeit nicht zweimal dasselbe essen. Nach einem würzig-scharfen Hauptgericht gibt es ein sehr süßes Dessert in Form von einem Milchpudding mit Rosenwasser, Milchreiseis, Gebäck mit Mandeln, Datteln und Honig oder Baklava.

Im Orient, speziell in Nordafrika, hat man einen gewissen Hang zum Blumig-Duftigen, deshalb werden Orangenblüten- und Rosenwasser – beides parfümartige Blütenwässer – dort nicht nur zur Schönheitspflege, sondern tröpfchenweise auch zum Aromatisieren von Salaten, Kuchen, Gebäck, Obstgerichten und Tajines verwendet. Beides bekommt man bei uns im gut sortieren Lebensmittelhandel, oft auch in Apotheken oder im Internet.

KOCHEN UND ZELEBRIEREN

Nicht nur Philosophie und Literatur, Medizin und Architektur, sondern auch die Kunst des Kochens und Würzens erreichte unter den Kalifen ein überragendes Niveau. Die islamischen Herrscher schrieben die Geschichte der Gewürze fort und stellten so sicher, dass das aus der Antike überlieferte Wissen – bis heute – nicht verloren ging. Übrigens: Nirgendwo auf der Welt gab es bis zum 15. Jahrhundert eine so reiche Kochbuchkultur wie in den islamischen Ländern. Schließlich war das Kochen seit Kalif Harun al-Raschid absolute Chefsache.

Beliebt sind Schmorgerichte mit Fleisch oder Fisch und Gemüse. Zum Standardrepertoire gehören auch Eintöpfe, zum Beispiel Tajine mit Lamm oder Geflügel, Gemüse und Gewürzen. Große Fleischstücke werden zu besonderen Anlässen über dem offenen Feuer an Spießen gebraten. Das Essen hat in der Kultur des Orients immer auch eine wichtige soziale Komponente. So ist die Küche der zentrale Punkt des Hauses. Dort wird gekocht und nachher zusammen gegessen. Beim Essen sitzt man gemütlich zusammen, unterhält sich, spielt Backgammon und trinkt Tee. Das kann durchaus mehrere Stunden dauern. Die Araber verstehen es als ihre Pflicht, jeden – egal ob Fremden oder Freund – als Gast zu betrachten und ihn zu bewirten, ohne Kosten und Mühen zu scheuen. Gerade wenn Besuch kommt, wird riesig aufgetischt: Mehrere Vor-, Haupt- und Nachspeisen sind dann selbstverständlich. In ländlichen Regionen fischt man das Essen aus einer großen, gemeinsamen Schale mit einem Stück Brot. Dabei verwendet man nur die rechte Hand, die linke Hand gilt als unrein und hat im Essen nichts zu suchen. Neben Wasser werden Tees oder Joghurtgetränke gereicht – der Genuss von Alkohol ist laut Koran untersagt.

Zubereiten & Servieren

Typische orientalische Kochgeräte und entsprechendes Geschirr sind keine Pflicht – aber die Kür! Wer Couscous über Dampf gart, ein Ragout in der Tajine und Aufläufe und eine bunte Auswahl an Mezze stilecht in Keramik serviert, kann bei seinen Gästen mit Sicherheit punkten.

1_COUSCOUSIÈRE: ein Dämpftopf mit einem besonders feinen Siebeinsatz, in dem der Couscous besonders locker und körnig wird.

2_KEBABSPIESSE: Fleischspieße aus Metall – für den großen Hunger dürfen sie auch extralang sein. Sie sind oft kunstvoll verziert.

3_TAJINE: Eine Art Schmortopf aus Keramik mit kuppelförmigem Deckel, durch dessen Öffnung der Dampf entweichen kann.

4_(AUFLAUF)FORMEN aus Ton für Schmorgerichte aus dem Ofen und zum Anrichten von diversen Vorspeisen.

5_MOKKAKÄNNCHEN: Darin kocht man Mokkapulver, Zucker und nach Belieben auch eine Prise Kardamom zweimal hintereinander auf. Vor dem Servieren lässt man den Mokka kurz stehen, damit sich die festen Bestandteile absetzen können.

6_TEEGLÄSER aus Glas für den kleinen Schluck Schwarz- oder Minztee, der zu jeder Tages- und Nachtzeit genossen wird.

BUNTE WELT DER GEWÜRZE

Denkt man an Orient, dann auch unweigerlich an Gewürze:
Wie sie säckeweise auf dem Basar angeboten werden und dabei
alles in eine geheimnisvolle Duftwolke hüllen.

1. GEWÜRZE VON A BIS Z UND GEWÜRZMISCHUNGEN

Einzelgewürze:

Anis heißt auch Süßer Kümmel und ist nicht mit Sternanis verwandt. Anis ist süßlich und schmeckt leicht nach Lakritz. Mit *Cayennepfeffer* verbindet man die feurige Schärfe gemahlener Chilischoten. Er passt ebenso wie frische Chilis wunderbar zu Fleisch- und Paprikagerichten. *Gewürznelken* duften intensiv und haben einen brennenden Geschmack. Sie schmecken gut zu Wild oder Lamm. Die *Ingwer*-Wurzel schmeckt je nach Herkunftsland mehr oder weniger scharf, hat aber immer ein leicht zitroniges Aroma, das den Geschmack von Fleisch und Fisch gut ergänzt. *Kardamom* ist die Geheimzutat des arabischen Kaffeegeschmacks und vieler Gewürzmischungen. Er schmeckt angenehm aromatisch, kräftig, würzig, sanft brennend und zugleich herrlich wärmend. Beim *Koriander* haben das Kraut und auch die Samen ein ganz ungewöhnliches Aroma, an dem sich oft die Geister scheiden. Koriander passt wunderbar zu Fleisch, Geflügel, zu Fisch und zu vegetarischen Gerichten. Der *Kreuzkümmel* ist ein entfernter Verwandter des Kümmels aus dem Vorderen und Hinteren Orient und wird frisch gemahlen, in Öl gebraten oder trocken geröstet verwendet. *Kurkuma* oder Gelbwurz bringt die gelbe Farbe ins Curry bzw. färbt den Reis beim Garen, z.B. im Pilaw schön gelb. Die *Muskatnuss* hat ein beeindruckendes Spektrum an Aromen zu bieten, von warm und würzig, süßlich-bitter bis hin zu feurig und pfeffrig. *Paprikapulver* stammt aus den getrockneten und gemahlenen Schoten der Peperoni. Im Handel gibt es vier Schärfegrade: Delikatess (sehr mild), edelsüß (mild würzig), halbscharf und Rosenpaprika (sehr scharf).

Pfefferkörner gibt es in Schwarz, Weiß, Grün und Rot – je nach Verarbeitungsmethode. Schwarzer Pfeffer wird z.B. unreif geerntet und danach getrocknet, weißer Pfeffer aus den reifen Beeren gewonnen. Frisch gemahlen schmeckt Pfeffer zu allen pikanten Gerichten. Der Nelkenpfeffer – auch *Piment* genannt – erinnert an Gewürznelken und Pfeffer, aber auch an Muskatnuss und Zimt.

Safran ist das wohl teuerste Gewürz der Welt und wird in Handarbeit aus den Blüten einer Krokusart gewonnen. Sein Geschmack ist bitterscharf, und schon wenige Fäden reichen aus, um ein Gericht zu würzen. Dekorativer Nebeneffekt ist eine kräftige gelbe Färbung der Gerichte. Für die türkische, syrische und libanesische Küche ist *Sumach* unabdingbar. Der Geschmack ist besonders fruchtig, leicht herb und weist eine angenehme Säure auf. Im vorderen Orient und im arabischen Raum würzt er Schmortöpfe auf Basis von Huhn, Lamm, Fisch und Gemüse. Geschmacklich harmoniert er besonders gut mit Petersilie, Sesam, Knoblauch und Koriander, z.B. im Salat. *Zimt:* Man unterscheidet zwischen Ceylon-Zimt, auch Kaneel genannt, und dem chinesischen bzw. Cassia-Zimt. Dabei ist Ceylon-Zimt qualitativ höherwertig als Cassia-Zimt, teurer und im Handel weniger verbreitet.

Gewürzmischungen:
Baharat, die „Mutter aller Gewürze", stammt aus dem östlichen Mittelmeerraum sowie von der Arabischen Halbinsel. Die Mischung aus edelsüßem Paprika, Kreuzkümmel, schwarzem Pfeffer, Ceylon-Zimt, Gewürznelken, Muskatnuss, Kardamom, Koriander und Cayennepfeffer schmeckt warm, hoch aromatisch und leicht scharf und wird vor allem in Fleisch- aber auch Fischgerichten verwendet. Baharat passt zu Reis-Pilaws, Gemüseeintöpfen, Suppen und Saucen. Ausgesprochen köstlich auch in Kombination mit Honig!

Harissa ist die sehr scharfe tunesische Gewürzpaste, die hauptsächlich aus roten Chilischoten, Olivenöl, Knoblauch, Paprikapulver, Kreuzkümmel, Koriander, Ingwer und Kurkuma besteht. Gibt es fertig in Gläschen oder Tuben zu kaufen.

Ras-el-Hanout ist die wohl legendärste Gewürzmischung Nordafrikas. Jeder Gewürzhändler hat dafür sein eigenes Rezept. Immer dabei sind Kurkuma, Ingwer und Schwarzkümmel sowie Paradieskörner.

Tabil: Eine traditionelle, tunesische Gewürzmischung, die oft mit Harissa verwendet wird. Die Mischung schmeckt leicht scharf und besitzt einen süßlich-würzigen Duft. In Tunesien würzt man damit Eintöpfe, Tajines und Suppen.

Zaatar: Die Gewürzmischung aus Sesam, Sumach, Thymian, Oregano und Majoran wird in den Küchen Nordafrikas, des Nahen Ostens und der Türkei verwendet. Es hat ein mildaromatischen, nussigen Geschmack und schmeckt mit Olivenöl gemischt auf Fladenbrot, aber auch als Dip oder Fleischmarinade.

GETREIDE & CO.

*Eine überaus raffinierte Gewürzwelt und viel Gemüse –
die Orientküche ist gesund und vielseitig. Zu den beliebtesten
Beilagen gehören Bulgur, Couscous, Reis und Fladenbrot.*

1. KLEINE KÖRNER, GROSSE BEDEUTUNG

Couscous gehört zu den Grundnahrungsmitteln in
der Küche Nordafrikas. Er besteht aus gemahlenem
und zu Kügelchen gerolltem Hartweizen oder Hirse
und gibt gleichzeitig dem orientalischen Nationalge-
richt seinen Namen. Er schmeckt zu Fleisch oder
Fisch, kann aber auch die Hauptrolle spielen, etwa
in Aufläufen oder Salaten. Mit Zimt und Zucker
oder Feigen und Mandeln kann man ihn auch als
Dessert essen. Ursprünglich garte man den Grieß in
der Couscousière über Brühe oder Schmorgerichten.
Heute kauft man lieber Instant-Couscous und serviert ihn als Beilage.

Bulgur wird aus Weizengrütze hergestellt und ist die
beliebteste Beilage vom Libanon bis zum Iran. Er
lässt sich genauso wie Couscous sehr schnell zubereiten. Der feine Bulgur wird gerne für Salate verwendet, wie den Klassiker Tabouleh mit frischer Minz-
note. In mittelfeiner Körnung ist Bulgur der perfekte
Bestandteil einer Füllung für Paprikaschoten oder
Zucchini und grob ist er eine aromatische Beilage zu
Lamm oder Geflügel. In der Türkei ist er Zutat der
Köfte-Bällchen.

Reis gehört ebenfalls zu den Grundnahrungsmitteln
der Beduinen und ist Zutat für einen persischen Re-
zeptklassiker mit vielen Varianten: den Pilaw. Er
tauchte als eine der ältesten Zubereitungsarten von
Reis in arabischen Kochbüchern des 13. Jahrhun-
derts auf. Man bereitet ihn in einem Topf oder einer
tiefen Pfanne aus Langkornreis, Zwiebeln, Brühe
sowie nach Belieben Fleisch, Fisch oder Gemüse oder
auch süß mit Nüssen und Trockenfrüchten zu. Der
fertige Reis ist locker und körnig.

> Couscous

> Bulgur

2. HAUCHDÜNN ODER FILIGRAN

Hauchzarte Teigblätter sind die Grundlage für vielerlei knusprige Süßspeisen, herzhafte Pasteten, Röllchen oder Teigtaschen. Diese sind derart aufwendig in der Herstellung, dass sich das Selbermachen nicht lohnt. Am besten greift man zu *Yufka- oder Filoteig* aus dem türkischen Lebensmittelhandel bzw. aus dem Supermarkt-Kühlregal. Yufkateigblätter erinnern ein wenig an Blätterteig und können ebenfalls herzhaft oder süß gefüllt werden.

Ein weiteres Meisterwerk der Lebensmittel-Handwerkskunst ist die Herstellung der superdünnen feinen Teigfäden, die man auch Engelshaarnudeln nennt. Sie werden auf dem Balkan und im Orient für extra-süße Süßspeisen verwendet. Eine Füllung aus Mandeln oder Walnüssen, gewürzt mit Nelken und Zimt, wird in die Teigfäden eingewickelt. Nach dem Backen und Abkühlen tränkt man das Gebäck (Kataifi) mit einem Zitronen-Zuckersirup.

> *Yufkateig*

> *Engelshaarnudeln*

3. UND WAS SONST NOCH DAZU SERVIERT WIRD

Fladenbrot: Die Beduinen, das umherziehende Nomadenvolk, buk das Brot aus Hefeteig als papierdünnes Fladenbrot (Khubz) auf einem Blech über dem offenen Feuer. Man konnte es mit gekochtem Fleisch belegen und zusammenrollen. Ein solches Gericht namens Tharid soll das Leibgericht des Propheten Mohammed gewesen sein. Auch heute wird kaum eine Mahlzeit ohne Brot serviert und viele Haushalte backen es immer noch traditionell selbst.

Kichererbsen: Machen sich gut als Beilage oder Hauptgericht und schmecken als cremiger Hummus oder köstliche frittierte Falafeln. Auch in vielen Suppen und Salaten dürfen Kichererbsen nicht fehlen. Fast immer handelt es sich um die großen, gelblich-beigen Kichererbsen vom sogenannten Kabuli-Typ. Zu Kichererbsen passen am besten orientalische und mediterrane Gewürze mit kräftigem Aroma wie Kreuzkümmel, Paprika, Koriander, Knoblauch, Zimt und Nelken.

Nüsse, Samen & Öle

Nüsse zum Knabbern, für Süßes, zum Bestreuen und für feine Pasten, Oliven, sowie feine Öle zum Kochen, Braten und Abschmecken finden in der orientalischen Küche reichlich Anwendung.

1_OLIVEN werden grün (unreif) oder schwarz (reif) geerntet und anschließend fermentiert. Ein Muss für Vorspeisen und in Salaten.

2_PISTAZIEN werden geröstet und gesalzen praktisch überall als Knabberei angeboten. Ungesalzen und gehackt verfeinern sie Süßes aller Art.

3_MANDELN kommen in Süßspeisen, Gebäck und Kuchen zum Tragen.

4_WALNÜSSE werden fein gemahlen in Saucen und Pasten eingesetzt.

5_ARGANÖL wird aus den Früchten der Arganie gewonnen; in der Regel verwendet man es nur zum Abschmecken und Beträufeln.

6_OLIVENÖL dagegen wird universell eingesetzt: Zum Kochen, Braten und natürlich in der kalten Küche.

7_TAHIN ist eine Sesampaste, die meist im Glas angeboten wird. Sie ist wichtiger Bestandteil von Dips, insbesondere von Hummus.

8_SESAMSAMEN (hell) entwickeln beim sanften Rösten noch mehr Aroma. Schmecken sowohl in herzhaften als auch in süßen Gerichten lecker.

Püriert, geknetet & gerührt

Wer typisch orientalisch kochen will, der braucht neben den Zutaten vor allem eins: Zeit. Dafür wird man am Ende überaus köstlich belohnt.

HUMMUS ZUBEREITEN

1 Am Vortag 350 g getrocknete Kichererbsen in eine Schüssel geben, mit gut 1 l Wasser bedecken und ½ TL Natron unterrühren. Die Kichererbsen über Nacht im Kühlschrank einweichen. Am nächsten Tag die Kichererbsen in ein Sieb abgießen, gut abwaschen und in einem Topf mit Wasser bedecken. ½ TL Natron dazugeben und knapp unter dem Siedepunkt 1½ Stunden weich garen.

2 Die Kichererbsen in ein Sieb abgießen und auf Zimmertemperatur abkühlen lassen. Die lauwarmen Kichererbsen in der Küchenmaschine grob zerkleinern.

3 75 g Tahin (Sesampaste), 2 fein geriebene Knoblauchzehen, 1 TL geriebenen Ingwer und den Saft von ½ Zitrone unter das Kichererbsenmus mixen.

4 250 g leicht angetaute Eiswürfel mit dem Schmelzwasser untermixen. Dadurch wird das Püree noch etwas luftiger. Zum Schluss 5 EL mildes Salatöl hineinmixen. Die cremige Paste mit Salz abschmecken. Den Hummus auf eine Platte streichen, dabei in der Mitte mit dem Löffelrücken Vertiefungen ziehen, und mit einigen EL mildem Olivenöl großzügig beträufeln. Den Hummus mit Fladenbrot servieren.

FLADENBROT BACKEN

1 500 g Mehl, 1 TL Backpulver, ½ TL Zucker, 4 g Trockenhefe und 150 ml warme Milch verrühren. Mit 150 g Joghurt, 1 Ei, 2 EL Öl und 1 TL Salz verkneten. Den Teig 1 Stunde zugedeckt an einem warmen Ort gehen lassen. Den Teig auf der bemehlten Arbeitsfläche nochmals durchkneten und in 8 Portionen teilen.

2 Die Teigstücke auf der bemehlten Arbeitsfläche zu runden Fladen ausrollen.

3 Die ausgerollten Teigfladen nochmals 15 Minuten gehen lassen, anschließend wahlweise in einer Pfanne ohne Fett, auf dem Backblech im Ofen bei 200 °C oder auf dem Grill auf beiden Seiten knusprig backen. Am besten lauwarm servieren.

Tipp: Die Fladen vor dem Backen mit Wasser bestreichen und mit einer Mischung aus Sesamsamen und Schwarzkümmel bestreuen.

HARISSAPASTE ANRÜHREN

1 50 g getrocknete rote Chilischoten der Länge nach halbieren und entkernen. Die Schoten in einer Schüssel mit kochendem Wasser überbrühen und 20 Minuten ziehen lassen.

2 Zwei Knoblauchzehen schälen und grob zerkleinern. In einen Mörser geben, etwas Salz hinzufügen und zerdrücken.

3 Die Chilisschoten, Knoblauch, 1 TL Kümmelsamen, 1½ TL Kreuzkümmelpulver und 2 TL Koriandersamen zu einer Paste im Mörser zerreiben. Die Paste mit 1 bis 2 EL Olivenöl verrühren.

4 Das Harissa in ein Schraubglas füllen, mit Olivenöl bedecken und im Kühlschrank aufbewahren.

Süß & frisch

Frische Kräuter, süße und getrocknete Früchte spielen in der orientalischen Küche eine große Rolle. Süß und würzig in Schmorgerichten, kräuterfrisch in kalten Gerichten.

(TROCKEN-)OBST

Aprikosen: Süß und sonnenverwöhnt gedeihen sie im gesamten Mittelmeerraum. Frisch oder sanft getrocknet, bereichern Aprikosen süße und auch pikante Gerichte.

Datteln: Sie sind eines der Grundnahrungsmittel der Beduinen und werden in pikanten Hauptgerichten ebenso verwendet wie in Süßspeisen. Kein Wunder, kaum eine Frucht bietet so viel natürliche Süße. Die weichen hocharomatischen Früchte gibt es frisch oder getrocknet im Handel.

Berberitzen: Bei uns sind die kleinen, roten, herb-säuerlichen Berberitzen auch als Sauerdorn bekannt. In der persischen Küche sind Berberitzenbeeren eine geschätzte Zutat. Berühmt ist Zereschk polo (Reis mit Berberitzen). Durch ihren angenehm säuerlichen Geschmack eignen sie sich auch sehr gut zum Aromatisieren von schwarzem Tee.

Feigen: Die Früchte des Paradiesbaums gibt es schon seit Jahrtausenden. Schon in der Antike gehörten die grünen, hellgelben, rotbraunen oder violetten Feigen zum Speisealltag der Orientalen und Mittelmeervölker. Dank ihres hohen Zuckergehalts eignen sie sich sehr gut zum Trocknen.

GRANATAPFEL VORBEREITEN

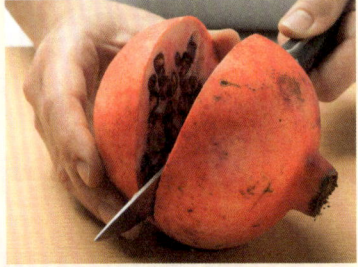

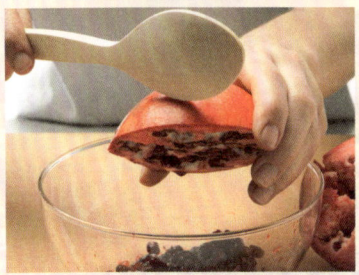

Granatapfel: Er gilt als Symbol der Fruchtbarkeit, der Liebe und seit der Antike als Aphrodisiakum. In Persien wurde er schon vor 2000 Jahren kultiviert. Die Frucht mit der ledrigen Schale ist bei Zimmertemperatur bis zu 3 Wochen haltbar, im Kühlschrank sogar bis zu mehreren Monaten. Für Granatapfelsaft rollt man die reifen Früchte auf einer harten Unterlage, halbiert die Frucht und presst sie wie eine Orange auf einer Zitruspresse aus. Um an die begehrten roten Kerne zu kommen, halbiert man den Granatapfel quer und klopft die Kerne mit einem Kochlöffel heraus bzw. quetscht sie mit der Hand heraus.

ZITRUS- UND KRÄUTERFRISCH

Zitrone: Dank ihrer ätherischen Öle ist die Zitrone in allen Küchen der Welt ein Alleskönner. In nordafrikanischen Fleisch- und Fischgerichten beliebt sind Salzzitronen (siehe S. 25). Die eingelegten Zitronen verleihen einer Vielzahl von Gerichten und Tajines, Salaten, Suppen und Saucen ihre charakteristische Würze. Da die Zitronen in Salz konserviert sind, braucht man das Gericht, in dem sie verwendet werden, gewöhnlich nicht zu salzen.

Petersilie: Das Kraut kommt aus dem östlichen Mittelmeergebiet und ist in der Orientküche unverzichtbar mit ihrem starken, charakteristisch würzigen und leicht bitteren Geschmack. Die glatte Petersilie ist etwas aromatischer als die krause. Petersilienblätter werden gerne zu Gemüse- und Fleischgerichten hinzugegeben, die Kräuter passen aber zu fast jedem herzhaften Gericht.

Minze: Sie macht nicht nur Tee (siehe S. 25) zum Genuss, sondern verleiht zahlreichen Gerichten und Getränken mit ihrem besonderen, intensiven Aroma das gewisse Etwas. Das frisch-würzige Kraut ist Bestandteil zahlreicher orientalischer Gerichte: Ob in Couscous- und Bulgurvariationen oder im Joghurtdip – Minze sorgt für das typische Aroma.

Süß und salzig

Aromenvielfalt und traditionelle Zubereitungsmethoden: Die Zitronen beispielsweise werden im Salz für lange Zeit haltbar gemacht – wie schon lange in Nordafrika üblich.

FRAUENNABEL BACKEN

1 Für den Sirup 300 g Zucker mit 220 ml Wasser aufkochen und einige Minuten kochen lassen. Beiseitestellen, den Saft von ½ Zitrone unterrühren und abkühlen lassen.
Für den Teig in einem Topf ¼ l Wasser, 50 g Butter und 1 Prise Salz aufkochen. 150 g Mehl auf einen Teller sieben. Das Mehl auf einmal in den Topf schütten und gut unterrühren, bis ein zäher Teig entsteht. Der Teig soll sich als Kloß vom Topfboden lösen.

2 Den Teig kurz abkühlen lassen und 2 Eier unterrühren. Jeweils 1 knappen EL Teig abnehmen und mit leicht eingeölten Händen zu einer Kugel formen.

3 Die Teigkugeln etwas flach drücken und in die Mitte mit dem Zeigefinger einen „Nabel" eindrücken.

4 In einem großen Topf ½ l Öl erhitzen. Es ist heiß genug, wenn sich an einem hineingehaltenen Holzlöffelstiel Blasen bilden. Die Teigstücke darin portionsweise goldgelb ausbacken. Die gebackenen „Frauennabel" mit dem Schaumlöffel aus dem Fett heben und auf Küchenpapier abtropfen lassen. Kurz im abgekühlten Sirup wenden.

Für mehr Biss die „Nabel" mit gehackten Pistazien füllen – mmh!

MINZTEE KOCHEN

1 In einer Kanne 2 EL grünen Tee mit 100 ml kochendem Wasser übergießen. Das Wasser sofort wieder abgießen, damit der Teestaub entfernt wird.

2 Den Tee mit 1½ l kochendem Wasser aufbrühen und 4 EL Zucker unterrühren. 1 Bund Nana-Minze dazugeben und den Tee 2 bis 3 Minuten ziehen lassen.

SALZZITRONEN

1 10 Bio-Zitronen heiß waschen. 250 g grobkörniges Meersalz abmessen. Die Zitronen längs auf vier Seiten tief in das Fruchtfleisch einschneiden. Dabei sollte der Schnitt etwa 1 cm von den Enden entfernt verlaufen, sodass die Zitronen anschließend zwar geviertelt sind, aber oben und unten noch zusammenhalten.

2 Die Zitronen von den Enden her leicht zusammendrücken und in die entstehenden Spalten etwas grobkörniges Meersalz hineindrücken (je 2 bis 3 TL pro Zitrone). Zitronen in Einmachgläser legen, das restliche Salz darüber verteilen und zugedeckt 2 Tage Saft ziehen lassen.

3 Reichlich Wasser aufkochen und die Zitronen damit vollständig übergießen. Die Gläser gut verschließen und die Zitronen bei Zimmertemperatur 30 Tage ziehen lassen.

4 Die Salzzitronen vierteln und das bittere Fruchtfleisch entfernen. Die Schale in Streifen schneiden und je nach Rezept verwenden. Angebrochene Gläser im Kühlschrank aufbewahren.

VORSPEISEN (MEZZE) & SALATE

Sesamdip
mit Koriander

ZUTATEN FÜR 4 PERSONEN

125 g Tahin
(Sesampaste; siehe S. 19)
3 Knoblauchzehen
60 ml Zitronensaft
3 EL Sahnejoghurt
je ½ TL gemahlener Koriander
und Kreuzkümmel
Salz · 2 EL weiße Sesamsamen

ZUBEREITUNG // 🕐 10 min // ⏳ 2 h

1 Die Sesampaste gut durchrühren, die benötigte Menge abmessen und in ein Schälchen geben. Den Knoblauch schälen, in feine Würfel schneiden und untermischen.

2 Den Zitronensaft unter die Sesam-Knoblauch-Masse rühren, dabei nach und nach etwa 50 ml kaltes Wasser dazugeben.

3 Den Joghurt untermischen. Den Dip mit Koriander, Kreuzkümmel und Salz würzen und im Kühlschrank zugedeckt 2 Stunden durchziehen lassen.

4 Zum Servieren den Sesam in einer Pfanne ohne Fett bei mittlerer Hitze goldbraun rösten und über den Sesamdip streuen. Nach Belieben mit warmem Fladenbrot oder zu Falafel (siehe S. 42) servieren.

TIPP *Sesamsamen sind in der Orientküche sehr beliebt. Es gibt weißen, braunen und schwarzen Sesam, der einen milden, nussigen Geschmack hat. Durch das Rösten verstärkt sich sein Aroma zusätzlich.*

Hummus
Kichererbsencreme

ZUBEREITUNG // 🕐 15 min // 🍳 40 min // 💧 12 h

1 Die Kichererbsen über Nacht in reichlich kaltem Wasser einweichen. Am nächsten Tag in ein Sieb abgießen, abbrausen und abtropfen lassen.

2 Die Kichererbsen in einem Topf mit Wasser bedeckt etwa 40 Minuten weich garen. Anschließend in ein Sieb abgießen, kalt abschrecken und abtropfen lassen. Alternativ können Sie auch 500 g abgetropfte Kichererbsen aus der Dose verwenden.

3 Die Kichererbsen in einer Schüssel mit dem Stabmixer pürieren. Den Knoblauch schälen, fein hacken und mit 1 Prise Salz fein zerreiben. Mit der Sesampaste zu den Kichererbsen geben. Das Olivenöl und den Zitronensaft unterrühren und mit Salz und Pfeffer würzen.

ZUTATEN FÜR 4 PERSONEN

250 g getrocknete Kichererbsen
2 Knoblauchzehen
Salz
3–4 EL Tahin (Sesampaste; siehe S. 19)
2–3 EL Olivenöl
2–3 EL Zitronensaft
gemahlener Kreuzkümmel
Pfeffer aus der Mühle

ZUTATEN FÜR 4 PERSONEN

1 kleine Salatgurke
4 Knoblauchzehen
500 g griechischer Joghurt
2 EL Olivenöl
Salz · Pfeffer aus der Mühle

Gurken-Joghurt-Dip
mit Knoblauch

ZUBEREITUNG // 🕐 10 min

1 Die Salatgurke waschen, schälen und auf einer Küchenreibe grob in eine Schüssel raspeln. Die Gurkenraspel in einem Sieb mit den Händen ausdrücken. Die Knoblauchzehen schälen und durch die Knoblauchpresse dazupressen.

2 Den Joghurt mit 1 EL Olivenöl cremig rühren, die Gurkenraspel untermischen und mit Salz und Pfeffer würzen. Den Gurken-Joghurt-Dip in Schälchen füllen und mit dem restlichen Olivenöl beträufeln.

3 Dieser Dip kann entweder solo, z.B. mit schwarzen Oliven und Fladenbrot, serviert werden oder als leckere Ergänzung zu gefüllten Weinblättern, zu gegrilltem und eingelegtem Gemüse oder einfach als ein Teil von gemischten Vorspeisen.

Tomaten-Paprika-Salat

und zweierlei Gemüsepürees

ZUTATEN FÜR JE 4 PERSONEN

Für das Bohnenpüree

250 g getrocknete weiße
Riesenbohnen

2 Knoblauchzehen · Salz

3 EL Olivenöl

1 TL Paprikapulver (edelsüß)

gemahlener Kreuzkümmel

Zitronensaft

Für das Auberginenpüree

2 Auberginen · Salz

4 Tomaten

2 Knoblauchzehen

3 EL Olivenöl

1 TL Paprikapulver (edelsüß)

gemahlener Kreuzkümmel

4 EL gehackte Petersilie

Zitronensaft

Cayennepfeffer

Für den Tomatensalat

4 Tomaten

4 hellgrüne Spitzpaprikaschoten

2 Knoblauchzehen

3 EL Olivenöl

Saft von ½ Zitrone

Salz · Pfeffer aus der Mühle

gemahlener Kreuzkümmel

ZUBEREITUNG // ◑ 1 h 10 min // ◐ 12 h

1 Für das Bohnenpüree am Vortag die Bohnen mit kaltem Wasser bedecken und über Nacht einweichen. Am nächsten Tag in ein Sieb abgießen und in einem Topf mit Wasser bedeckt aufkochen, dabei den entstehenden Schaum abschöpfen. Den geschälten Knoblauch und Salz hinzufügen und die Bohnen offen 30 Minuten kochen. Dann zugedeckt bei schwacher Hitze etwa 30 Minuten weich garen. In ein Sieb abgießen und abtropfen lassen, dabei den Knoblauch entfernen. Alternativ können Sie auch 500 g Riesenbohnen aus der Dose verwenden.

2 Das Olivenöl in einer Pfanne erhitzen, die Bohnen hinzufügen, mit dem Paprikapulver bestäuben und etwa 10 Minuten andünsten. Die Bohnen mit einer Gabel zerdrücken und zu einem Brei verrühren, das Bohnenpüree mit Salz, Kreuzkümmel und Zitronensaft abschmecken.

3 Für das Auberginenpüree die Auberginen putzen, waschen, in kleine Würfel schneiden und in kochendem Salzwasser etwa 10 Minuten blanchieren. In ein Sieb abgießen und abtropfen lassen. Die Tomaten kreuzweise einritzen, überbrühen, häuten, vierteln, entkernen und ebenfalls in kleine Würfel schneiden.

4 Den Knoblauch schälen und in feine Würfel schneiden. Das Olivenöl in einer Pfanne erhitzen, Knoblauch und Auberginen darin andünsten. Paprikapulver und Kreuzkümmel hinzufügen und die Tomaten untermischen. Unter gelegentlichem Rühren etwa 5 Minuten zu einem Brei einköcheln lassen. Die Petersilie dazugeben, mit Zitronensaft, Salz und Cayennepfeffer würzen.

5 Für den Tomatensalat die Tomaten waschen, vierteln und entkernen. Die Paprikaschoten längs halbieren, entkernen und waschen, beides in kleine Würfel schneiden. Den Knoblauch schälen und in feine Würfel schneiden. Tomaten, Paprika und Knoblauch in eine Schüssel geben, das Olivenöl und den Zitronensaft dazugeben und alles gut mischen. Mit Salz, Pfeffer und Kreuzkümmel würzen.

Mein Lieblingsrezept für...
eine Vorspeise

BABA GANOUSH – AUBERGINENSALAT

🕐 1 h 20 min // Für 4 Personen

1 Den Backofen auf 180 °C vorheizen. 2 große Auberginen mit einem Messer rundum mehrmals einstechen. Die Auberginen auf ein Backblech legen und im Ofen auf der mittleren Schiene etwa 30 Minuten backen. Die Grillfunktion zuschalten und die Auberginen weitere 15 bis 20 Minuten schwarz rösten, dabei gelegentlich wenden.

2 Die Auberginen 20 bis 30 Minuten abkühlen lassen, dann die Haut mit einem Messer abziehen. Gegebenenfalls das weiche Fruchtfleisch auf einem Sieb abtropfen lassen.

3 Das Fruchtfleisch in etwa 1 cm große Würfel schneiden. Mit Salz, je ½ TL gemahlenem Kreuzkümmel, gemahlenem Koriander und 1 TL Sumach (siehe S. 15) würzen.

4 Je ½ grüne, rote und gelbe Paprikaschote entkernen, waschen und in kleine Würfel schneiden. 1 Tomate waschen, halbieren und den Stielansatz entfernen. Die Tomate in kleine Würfel schneiden.

5 Die Auberginenwürfel auf einem großen tiefen Teller verteilen, die Paprika- und Tomatenwürfel daraufstreuen und alles mit 4 EL mildem Olivenöl beträufeln. Nach Belieben Fladenbrot dazu servieren.

Bulgursalat
mit Gurke und Tomaten

ZUTATEN FÜR 4 PERSONEN

250 g feiner Bulgur
Saft von ½ Zitrone
½ l Gemüsebrühe
100 g getrocknete Tomaten
(in Öl)
1 kleine Salatgurke
150 g Kichererbsen
(aus der Dose)
3 Frühlingszwiebeln
je 1 Bund Petersilie
und Minze
4 EL Olivenöl
4 EL Zitronensaft
Salz · Pfeffer aus der Mühle
4 Tomaten
200 g Feta (Schafskäse)

ZUBEREITUNG // 🕐 40 min // ⧗ 15 min

1 Den Bulgur mit dem Zitronensaft und der Brühe in einem Topf aufkochen. Vom Herd nehmen und den Bulgur zugedeckt 20 bis 30 Minuten quellen lassen.

2 Die getrockneten Tomaten hacken. Die Gurke schälen, längs halbieren und mit einem Esslöffel entkernen. Die Gurkenhälften in kleine Würfel schneiden. Die Kichererbsen in ein Sieb abgießen, abbrausen und abtropfen lassen.

3 Die Frühlingszwiebeln putzen, waschen und in feine Ringe schneiden. Die Kräuter waschen und trocken schütteln, die Blätter abzupfen und fein hacken. Den Bulgur in einer großen Schüssel mit den vorbereiteten Zutaten mischen. Das Olivenöl mit Zitronensaft, Salz, Pfeffer und nach Belieben gemahlenem Kreuzkümmel verrühren und unter den Bulgursalat mischen. Den Salat 15 Minuten ziehen lassen und vor dem Servieren nochmals abschmecken.

4 Die Tomaten waschen und in Spalten schneiden, dabei die Stielansätze entfernen. Den Feta mit einer Gabel grob zerbröckeln. Den Bulgursalat auf Schälchen verteilen und mit den Tomaten und dem Feta anrichten.

TIPP   *Wer es gern schärfer mag, mischt unter den Bulgursalat noch 1 in kleine Würfel geschnittene rote Chilischote. Das Dressing können Sie zusätzlich mit 1 TL Tomatenmark abrunden.*

Gemüsesalat
mit Feta

ZUBEREITUNG // 🕐 20 min // ▦ 10 min

1 Die Kartoffeln schälen, waschen, in kleine
Würfel schneiden und in kochendem Salzwasser etwa 10 Minuten garen. In ein Sieb abgießen, abtropfen und abkühlen lassen.

2 Die Gurke waschen, längs halbieren und mit
einem Esslöffel entkernen. Die Zucchini putzen und waschen. Die Gurke und die Zucchini in kleine Würfel schneiden.

3 Die Paprikaschoten längs halbieren, entkernen, waschen und ebenfalls in kleine Würfel
schneiden. Die Minze waschen und trocken

schütteln. Die Blätter abzupfen und fein hacken. Den Feta in Scheiben schneiden.

4 Kartoffeln, Gemüse und gehackte Minze mit
dem Zitronensaft und dem Olivenöl mischen
und mit Salz und Pfeffer würzen. Den Salat
auf Tellern anrichten, den in Scheiben ge-
schnittenen Feta darauf verteilen und mit
Minzeblättern garnieren.

ZUTATEN FÜR 4 PERSONEN

500 g festkochende Kartoffeln

Salz

1 Salatgurke

1 Zucchini

2 rote Paprikaschoten

1 grüne Paprikaschote

2–3 Stiele frische Minze

200 g Feta (Schafskäse)

Saft von ½ Zitrone

3 EL Olivenöl

Pfeffer aus der Mühle

Minzeblätter zum Garnieren

ZUTATEN FÜR 4 PERSONEN

250 g getrocknete weiße
Riesenbohnen

2 Lorbeerblätter

4 EL Weißweinessig

1 TL Salz

Pfeffer aus der Mühle

6 EL Olivenöl

1 große rote Zwiebel

1 große Tomate

4 hart gekochte Eier

4 EL gehackte Petersilie

Bohnensalat
mit Ei und roten Zwiebeln

ZUBEREITUNG // 🕐 10 min // 🍳 1 h // 💧 12 + 1 h

1 Am Vortag die Bohnen mit reichlich kaltem Wasser bedecken und über Nacht einweichen. Am nächsten Tag in ein Sieb abgießen und in einem Topf mit Wasser bedeckt aufkochen, dabei den entstehenden Schaum abschöpfen. Die Lorbeerblätter dazugeben und die Bohnen offen 30 Minuten kochen. Dann zugedeckt bei schwacher Hitze weitere 30 Minuten garen, bis sie weich sind, aber nicht zerfallen. Die Bohnen im Sud abkühlen lassen, abgießen und abtropfen lassen. Die Lorbeerblätter entfernen. Alternativ 500 g weiße Bohnen aus der Dose verwenden.

2 In einer großen Schüssel Essig, Salz und Pfeffer verrühren. Das Olivenöl unterschlagen und die Bohnen untermischen. 1 Stunde durchziehen lassen, eventuell nochmals nachwürzen.

3 Die Zwiebel schälen und in schmale Streifen schneiden. Die Tomate waschen, vierteln und entkernen, das Fruchtfleisch in kleine Würfel schneiden. Die Eier pellen und in Spalten schneiden.

4 Die Bohnen auf einer Platte oder in Schälchen anrichten und Zwiebelstreifen, Tomatenwürfel, Eier und Petersilie darauf verteilen.

Fattouche

Libanesischer Brotsalat

ZUTATEN FÜR 4 PERSONEN

Je 250 g gelbe und
rote Cocktailtomaten
1 Salatgurke
1 Bund Radieschen (ca. 250 g)
1 milde rote Zwiebel
2 Handvoll Petersilie
je 1 Handvoll Koriander
und Minze
2 dünne arabische Fladenbrote
2 EL Zitronensaft
2 EL Weißweinessig
6 EL Olivenöl
2–3 TL Sumach (siehe S. 15)
Salz · Pfeffer aus der Mühle

ZUBEREITUNG // ⏱ 20 min

1 Den Backofen auf 220 °C vorheizen. Die Tomaten waschen und halbieren. Die Gurke waschen, längs vierteln und in kleine Stücke schneiden.

2 Die Radieschen putzen, waschen und in Scheiben oder Viertel schneiden. Die Zwiebel schälen und in feine Streifen schneiden. Die Petersilie, den Koriander und die Minze waschen, trocken schleudern und die Blätter abzupfen.

3 Die Fladenbrote auf dem Gitter im Ofen etwa 5 Minuten knusprig backen. Herausnehmen und in kleine Stücke brechen. Für das Dressing den Zitronensaft mit Essig, Olivenöl, Sumach, Salz und Pfeffer verrühren.

4 Die Tomaten, Gurke, Radieschen, Zwiebel, Kräuter und Brotstücke in einer Schüssel mit dem Dressing mischen. Nach Belieben abschmecken und servieren.

TIPP *Hauchdünnes arabisches Fladenbrot eignet sich zum Rollen, Belegen oder einfach zum so essen. Es wird auch „Khubz" genannt, was auf Arabisch schlichtweg „Brot" bedeutet. Es ist das A und O der arabischen Küche und wird nicht nur zu Dips, sondern zu nahezu allem verzehrt. Man bekommt es in arabisch-orientalischen Feinkostgeschäften oder im Onlineshop.*

Falafel
mit Orangen-Joghurt-Dip

ZUBEREITUNG // 🕐 20 min // ▦ 10 min // 💧 12 h

1 Die Kichererbsen über Nacht in kaltem Wasser einweichen. Am nächsten Tag in ein Sieb abgießen und abtropfen lassen. Alternativ 800 g Kichererbsen aus der Dose verwenden.

2 Für den Dip den Joghurt mit Sesampaste, Honig und Orangenschale mischen und mit Salz und Pfeffer würzen.

3 Zwiebel und Knoblauch schälen und in feine Würfel schneiden. Mit den Kichererbsen in der Küchenmaschine pürieren. Die Petersilie und den Koriander waschen und trocken tupfen, die Blätter abzupfen und fein hacken.

4 Die Kichererbsenmasse mit Kräutern, Olivenöl und Weißbrotbröseln mischen. Mit Kreuzkümmel, Koriander, Piment, Zimt, Salz und Pfeffer kräftig würzen. Aus der Masse mit angefeuchteten Händen längliche Kroketten formen.

5 Das Öl in der Fritteuse oder in einem Topf auf 170 °C erhitzen und die Falafel darin portionsweise goldbraun frittieren. Mit dem Schaumlöffel herausheben, auf Küchenpapier abtropfen lassen und warm halten. Die Falafel mit dem Dip servieren.

ZUTATEN FÜR 4 PERSONEN

400 g getrocknete Kichererbsen
250 g Naturjoghurt
3 EL Tahin (Sesampaste; siehe S. 19)
1 EL Honig
½ TL abgeriebene Bio-Orangenschale
Salz · Pfeffer aus der Mühle
1 Zwiebel · 1 Knoblauchzehe
je 1 Stiel Petersilie und Koriander
1–2 EL Olivenöl
2–3 EL Weißbrotbrösel
gemahlener Kreuzkümmel, Koriander, Piment und Zimtpulver
Öl zum Frittieren

ZUTATEN FÜR 4 PERSONEN

400 g festkochende Kartoffeln
Salz · 200 g feiner Bulgur
½ l Gemüsebrühe
1 Zwiebel
2 Knoblauchzehen
50 g Speisequark · 1 Ei
1–2 EL Mehl
je 2 EL gehackter Oregano
und gehackte Petersilie
Pfeffer aus der Mühle
Paprikapulver (edelsüß)
Öl zum Frittieren

Kartoffelbällchen

mit Bulgur und Kräutern

ZUBEREITUNG // ⏱ 45 min

1 Die Kartoffeln schälen, waschen und in Salzwasser etwa 15 Minuten vorkochen. Abgießen, abtropfen lassen und noch warm auf der Küchenreibe raspeln.

2 Den Bulgur mit der Brühe in einem Topf aufkochen, vom Herd nehmen und zugedeckt 15 Minuten quellen lassen.

3 Die Zwiebel und den Knoblauch schälen und in feine Würfel schneiden. Die noch warmen Kartoffelraspel mit Bulgur, Zwiebel- und Knoblauchwürfeln, Quark, Ei, Mehl und Kräutern vermischen. Die Masse mit Salz,

Pfeffer und Paprika kräftig würzen und abkühlen lassen. Aus der Kartoffelmasse mit angefeuchteten Händen kleine Bällchen formen.

4 Das Öl in der Fritteuse oder in einem großen Topf erhitzen. Es ist heiß genug, wenn sich an einem hineingehaltenen Holzlöffelstiel Blasen bilden. Die Kartoffelbällchen darin portionsweise goldbraun frittieren.

5 Die Kartoffelbällchen mit dem Schaumlöffel herausnehmen, auf Küchenpapier abtropfen lassen und warm oder kalt servieren. Dazu passt ein Gurken-Joghurt-Dip (siehe S. 31).

Kichererbsenbällchen
mit Chilidip

ZUTATEN FÜR 4 PERSONEN

Für die Bällchen

1 kleine Dose Kichererbsen
(240 g Abtropfgewicht)

½ Bio-Zitrone

100 g Schwarzbrotbrösel

1 TL Chilipulver

½ TL gemahlener Kreuzkümmel

Salz · 1 Ei

Öl zum Frittieren

Für den Dip

3 EL Mayonnaise

2 EL Chilisauce

1 EL Tomatenketchup

ZUBEREITUNG // 🕐 30 min

1 Für die Bällchen die Kichererbsen in ein Sieb abgießen und gut abtropfen lassen. Die Zitrone heiß waschen und trocken reiben. Die Schale fein abreiben und die Zitrone auspressen.

2 Die Kichererbsen mit der Zitronenschale, Zitronensaft, den Schwarzbrotbröseln, Chili, Kreuzkümmel und 1 TL Salz in einem hohen Rührbecher mit dem Stabmixer fein pürieren. Das Ei untermischen.

3 Aus der Kichererbsenmasse mit angefeuchteten Händen etwa 12 Bällchen formen. Das Öl in der Fritteuse oder in einem großen Topf erhitzen. Es ist heiß genug, wenn sich an einem hineingehaltenen Holzlöffelstiel Blasen bilden. Die Kichererbsenbällchen darin portionsweise goldbraun frittieren. Mit dem Schaumlöffel herausnehmen und auf Küchenpapier abtropfen lassen.

4 Für den Dip die Mayonnaise, die Chilisauce und den Ketchup in einem Schälchen verrühren. Die Kichererbsenbällchen auf kleine Holzspieße stecken und mit dem Chilidip servieren.

TIPP *Auf einem Party-Buffet, beim Picknick oder als Mitbringsel machen sich die Bällchen auch kalt sehr gut. Zum optimalen Fingerfood werden sie, wenn man kleine Holzspießchen in die Kichererbsenbällchen steckt und mehrere Dips in kleinen Schälchen dazu reicht.*

Linsen-Bulgur-Bällchen
mit Chilischoten

ZUBEREITUNG // ⏱ 20 min // ▦ 50 min

1 Die Linsen in einem Sieb abbrausen, mit 850 ml Wasser und 1 TL Salz in einem Topf aufkochen und bei schwacher Hitze etwa 30 Minuten köcheln lassen, bis sie das Wasser fast vollständig aufgenommen haben und zerfallen.

2 Den Bulgur unterrühren und bei schwacher Hitze 3 Minuten ziehen lassen. Den Topf vom Herd nehmen und den Bulgur etwa 15 Minuten ausquellen lassen.

3 Die Chilischoten längs halbieren, entkernen und waschen, die Zwiebeln schälen. Beides in feine Würfel schneiden. Das Olivenöl in einer Pfanne erhitzen und die Chili- und Zwiebelwürfel darin anbraten.

4 Chili, Zwiebeln und Tomatenmark unter die Linsen-Bulgur-Mischung mischen und die Masse mit Salz, Pfeffer, Kreuzkümmel und Chilipulver würzen.

5 Aus der Linsen-Bulgur-Masse Nocken abstechen und diese mit leicht eingeölten Händen zu Bällchen formen. Die Linsen-Bulgur-Bällchen nach Belieben auf einem Kräuter-, Spinat- oder Salatbett anrichten.

ZUTATEN FÜR 6 PERSONEN

160 g gelbe Linsen · Salz
240 g feiner Bulgur
2 rote Chilischoten
2 Zwiebeln
2 EL Olivenöl
1 EL Tomatenmark
Pfeffer aus der Mühle
1 TL gemahlener Kreuzkümmel
½ TL Chilipulver
Olivenöl zum Verarbeiten

ZUTATEN FÜR 4 PERSONEN

je 1 Bund Petersilie und Dill
3 Stiele Minze
200 g Feta (Schafskäse)
2 Yufkateigblätter (siehe S. 17)
Öl zum Frittieren

Teigröllchen
mit Feta-Minz-Füllung

ZUBEREITUNG // 🕐 40 min

1 Die Kräuter waschen und trocken schütteln, die Blätter bzw. Spitzen abzupfen und fein hacken. Den Feta in einer Schüssel mit einer Gabel zerdrücken, die Kräuter untermischen.

2 Die Teigblätter auf der Arbeitsfläche übereinanderlegen und mit einem scharfen Messer in etwa 10 cm breite Streifen schneiden. Die Teigstreifen übereinanderstapeln und mit einem feuchten Küchentuch bedecken.

3 Die Teigstreifen einzeln verarbeiten und jeweils etwas Käsemasse auf das kurze Ende geben. Die Ränder rechts und links über die Füllung klappen und den Teigstreifen fest aufrollen. Die Enden der Rolle jeweils mit etwas Wasser bestreichen und fest andrücken. Die fertigen Röllchen mit einem feuchten Küchentuch bedecken.

4 Zum Frittieren in einer Pfanne etwa 4 cm hoch Öl erhitzen. Es ist heiß genug, wenn sich an einem hineingehaltenen Holzlöffelstiel Blasen bilden. Die Teigröllchen darin rundum goldbraun frittieren, auf Küchenpapier abtropfen lassen und sofort servieren.

Hirseplätzchen
mit Paprika und Oliven

ZUTATEN FÜR 4 PERSONEN

250 g Hirse
2 EL Olivenöl
600 ml Gemüsebrühe
1 rote Paprikaschote
1 Knoblauchzehe
60 g schwarze Oliven
(ohne Stein)
3 Eier
100 g Magerquark
je 2 TL gehackter Rosmarin
und Salbei
Salz · Pfeffer aus der Mühle
Paprikapulver (edelsüß)
Butterschmalz zum Braten

ZUBEREITUNG // ⏱ 35 min // ⏳ 40 min

1 Die Hirse in einem Sieb unter fließendem kaltem Wasser abbrausen und gut abtropfen lassen. Das Olivenöl in einem Topf erhitzen und die Hirse darin andünsten. Die Brühe dazugießen und die Hirse zugedeckt bei schwacher Hitze etwa 40 Minuten quellen lassen. Vom Herd nehmen und abkühlen lassen.

2 Die Paprikaschote längs halbieren, entkernen, waschen und in kleine Würfel schneiden. Den Knoblauch schälen und in feine Würfel schneiden. Die Oliven in kleine Würfel schneiden.

3 Zwei Eier trennen. Die Eigelbe mit dem restlichen Ei, dem Quark, den Oliven, den Paprikawürfeln und den Kräutern unter die Hirse mischen. Die Hirsemasse mit Salz, Pfeffer und Paprika würzen. Die Eiweiße steif schlagen und unterheben.

4 Aus der Hirsemasse mit angefeuchteten Händen Bratlinge (etwa 8 cm Durchmesser) formen. Das Butterschmalz portionsweise in einer beschichteten Pfanne erhitzen und die Bratlinge darin auf beiden Seiten goldbraun braten. Herausnehmen, auf Küchenpapier abtropfen lassen und warm oder kalt servieren.

TIPP   *Wer es gern scharf mag, kann unter die Hirsemasse zusätzlich noch eine fein gewürfelte rote Chilischote mischen. Zu den Hirseplätzchen passt der Gurken-Joghurt-Dip von Seite 31 oder der Sesamdip von Seite 28.*

Blätterteighalbmonde
mit Hackfleisch

ZUBEREITUNG // 🕐 25 min // ▭ 25 min

1 Die Blätterteigplatten nebeneinander auf einem Küchentuch auslegen und auftauen lassen. Die Frühlingszwiebeln putzen, waschen und in feine Ringe schneiden. Den Knoblauch schälen und in feine Würfel schneiden.

2 Das Hackfleisch im heißen Olivenöl anbraten. Die Frühlingszwiebeln, den Knoblauch und die Gewürze dazugeben, untermischen und etwa 3 Minuten mitbraten. Die Hackmasse abkühlen lassen.

3 Den Backofen auf 200 °C vorheizen. Ein Backblech mit Backpapier belegen. Aus den

Blätterteigplatten 10 Kreise (à etwa 10 cm Durchmesser) ausstechen. Die Tomaten waschen, halbieren, in kleine Würfel schneiden und mit der Petersilie unter die Hackmasse mischen. Jeweils etwas Hackmasse in die Mitte der Teigkreise setzen. Den Teig über der Füllung zusammenklappen, an den Rändern fest andrücken und zu Halbmonden formen.

4 Das Eigelb mit der Milch verquirlen .Die Blätterteighalbmonde auf das Backblech legen, mit dem Eigelb bestreichen und im Ofen auf der mittleren Schiene etwa 25 Minuten goldbraun backen.

ZUTATEN FÜR CA. 10 STÜCK

450 g Blätterteig (tiefgekühlt; 10 quadratische Platten)

½ Bund Frühlingszwiebeln

1 Knoblauchzehe

400 g Rinderhackfleisch

1 EL Olivenöl

je 1 TL gemahlener Kreuzkümmel und Koriander

½ TL Zimtpulver

Salz · Pfeffer aus der Mühle

8 Cocktailtomaten

2 EL gehackte Petersilie

1 Eigelb · 2 EL Milch

ZUTATEN FÜR 4 PERSONEN

2 hart gekochte Eier
50 g grüne Oliven (ohne Stein)
50 g schwarze Oliven (ohne Stein)
3 Tomaten
2 Dosen Thunfisch
(in Öl; à 140 g Abtropfgewicht)
2–3 EL Tomatenmark
1 TL gemahlener Kreuzkümmel
1 TL Paprikapulver (edelsüß)
1 TL Ras-el-Hanout
Salz · Pfeffer aus der Mühle
400 g Filoteig (oder Yufkateig,
siehe S. 17; aus dem Kühlregal)
100 g Butter

Knuspertaschen
mit Thunfischfüllung

ZUBEREITUNG // ⏱ 40 min // 🍳 25 min

1 Die Eier pellen und in kleine Würfel schneiden. Die Oliven abtropfen lassen und ebenfalls in kleine Würfel schneiden. Die Tomaten
waschen, vierteln und entkernen, dabei die
Stielansätze entfernen. Das Fruchtfleisch in
kleine Würfel schneiden. Den Thunfisch abgießen und zerpflücken. Mit Eiern, Oliven,
Tomaten, Tomatenmark, Kreuzkümmel,
Ras-el-Hanout, Salz und Pfeffer mischen.

2 Backofen auf 200 °C vorheizen, ein Backblech
mit Backpapier belegen. Den Teig in jeweils
5 etwa 12 cm breite Streifen schneiden. Die
Butter zerlassen, etwas abkühlen lassen.

3 Die Teigstreifen dünn mit Butter bestreichen
und je 1 EL der Füllung an ein Ende setzen.
Die rechte untere Kante einschlagen, sodass
ein Dreieck entsteht. Dieses nach links oben
klappen und so fortfahrend die Teigtaschen
aufwickeln. Zum Schluss das Ende mit Butter
bestreichen und andrücken.

4 Teigtaschen auf das Blech legen, mit der restlichen Butter bestreichen und im Ofen etwa
25 Minuten backen, dabei einmal wenden.
Heiß oder kalt servieren.

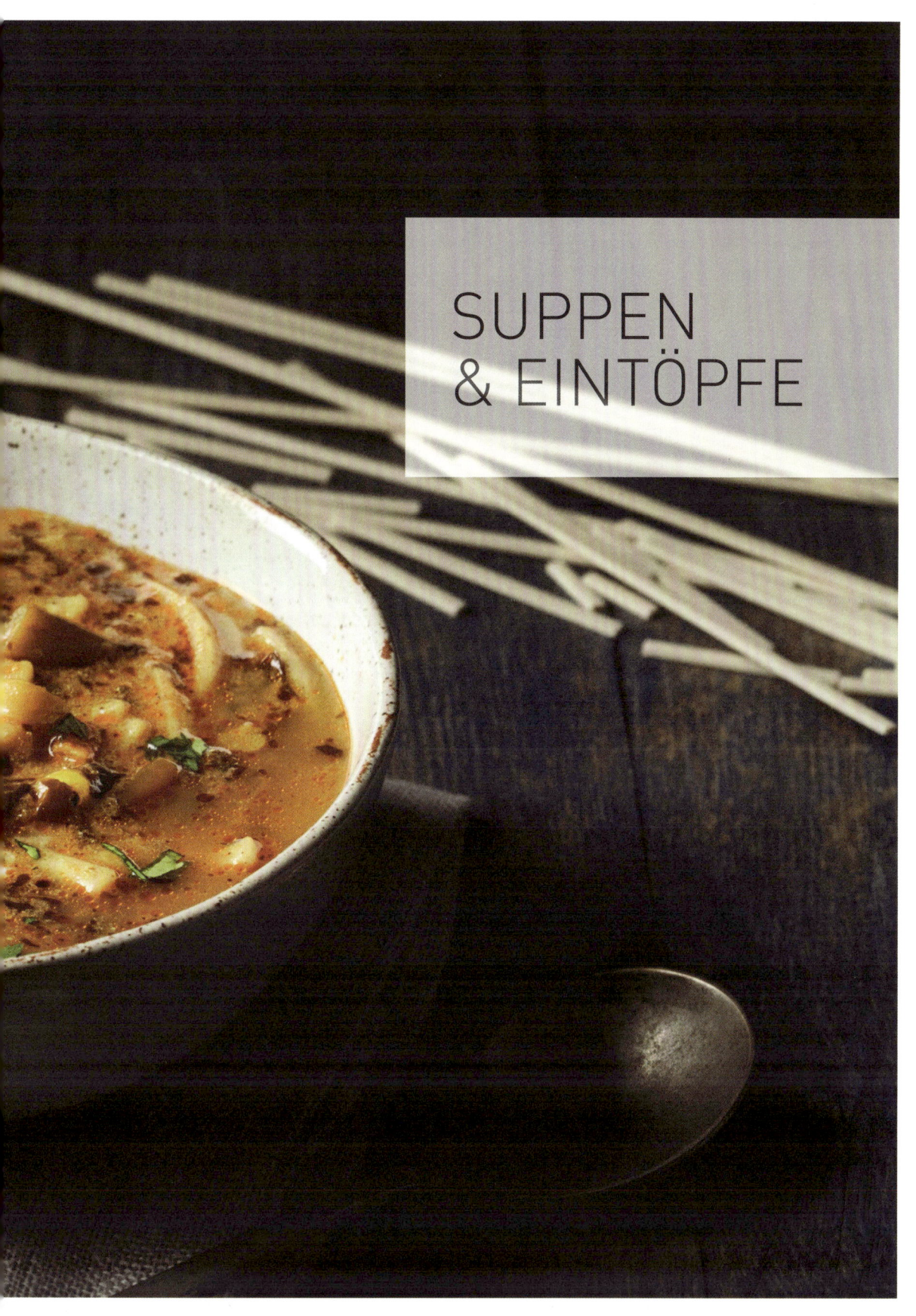

SUPPEN
& EINTÖPFE

Kokossuppe

mit Hähnchen-Ananas-Röllchen

ZUTATEN FÜR 4 PERSONEN

Für die Suppe

2 EL helle Sesamsamen
1 Zwiebel
1 kleine Möhre
1 walnussgroßes Stück Ingwer
1 Mango
1 Banane
2 EL Sesamöl
2 EL scharfes Currypulver
150 ml fruchtiger Weißwein
300 ml Kokosmilch
ca. 400 ml Gemüsebrühe
Saft von ½ Zitrone
Salz · Pfeffer aus der Mühle

Für die Röllchen

200 g Hähnchenbrustfilet
½ Baby-Ananas
Salz · Pfeffer aus der Mühle
4 Blätter Filo- oder Yufkateig
(siehe S. 17)
1 Eigelb
ca. 80 g Butterschmalz

ZUBEREITUNG // 🕐 45 min

1   Für die Suppe den Sesam in einer Pfanne ohne Fett hellbraun rösten, herausnehmen und abkühlen lassen. Die Zwiebel, die Möhre und den Ingwer schälen und in feine Würfel schneiden. Die Mango schälen, das Fruchtfleisch an den flachen Seiten vom Stein schneiden und in kleine Würfel schneiden. Die Banane schälen und in Scheiben schneiden.

2   Das Sesamöl in einem Topf erhitzen und die Zwiebel, Ingwer und die Möhre darin andünsten. Die Mango und die Banane dazugeben und mit dem Curry bestäuben. Untermischen, kurz andünsten, dann mit dem Wein ablöschen. Etwa 200 ml Kokosmilch und die Brühe angießen und die Suppe etwa 15 Minuten zugedeckt bei schwacher Hitze köcheln lassen.

3   Für die Röllchen das Fleisch waschen, trocken tupfen und in kleine Würfel schneiden. Die Ananas schälen und das Fruchtfleisch in kleine Würfel schneiden. Fleisch und Ananas mischen und mit Salz und Pfeffer würzen. Die Teigblätter ausbreiten und die Fleischmischung jeweils am unteren Rand verteilen. Die Teigblätter mit dem verquirltem Eigelb bestreichen, den Teig eng zu Röllchen aufrollen und die Enden wie bei einem Bonbon eindrehen.

4   Das Butterschmalz in einer tiefen Pfanne erhitzen und die Röllchen darin etwa 5 Minuten goldbraun braten. Herausnehmen und auf Küchenpapier abtropfen lassen.

5   Die Suppe mit dem Stabmixer fein pürieren und mit Zitronensaft, Salz und Pfeffer abschmecken. Auf Suppenschalen verteilen und mit der restlichen Kokosmilch beträufeln. nach Belieben mit etwas Currypulver und dem gerösteten Sesam bestreuen. Die Röllchen dazu servieren.

Linsensuppe
mit grüner Paprika

ZUBEREITUNG // 🕐 40 min

1 Die Linsen in einem Sieb unter fließendem kaltem Wasser abbrausen und abtropfen lassen. Die Zwiebel und den Knoblauch schälen und in feine Würfel schneiden. Die Paprikaschote längs halbieren, entkernen, waschen und in feine Streifen schneiden.

2 Das Olivenöl in einem Topf erhitzen. Die Zwiebel- und Knoblauchwürfel darin andünsten. Die Linsen und die Brühe hinzufügen.

3 Alles aufkochen und unter gelegentlichem Rühren 10 Minuten köcheln lassen. Die Paprikastreifen dazugeben und die Suppe etwa 15 Minuten weitergaren, bis die Linsen gar sind, aber noch nicht zerfallen.

4 Die Linsensuppe mit Salz, Pfeffer, Kreuzkümmel und Zitronensaft abschmecken. Auf Suppenteller oder -schalen verteilen und mit dem Koriander garnieren. Nach Belieben Fladenbrot dazu servieren.

ZUTATEN FÜR 4 PERSONEN

350 g rote Linsen

1 kleine Zwiebel

2 Knoblauchzehen

1 grüne Paprikaschote

2 EL Olivenöl

600 ml Gemüsebrühe

Salz · Pfeffer aus der Mühle

1 TL gemahlener Kreuzkümmel

Saft von ½ Zitrone

Korianderblätter zum Garnieren

ZUTATEN FÜR 4 PERSONEN

600 g Lammfleisch (aus der Keule;
ohne Knochen)
2 kleine Zwiebeln
2 Knoblauchzehen
2 EL Olivenöl · 2 Lorbeerblätter
Salz · Pfeffer aus der Mühle
300 g frische Datteln
Saft von 3 Limetten
Anis- und Nelkenpulver
Petersilie zum Garnieren

Lammsuppe
mit Datteln

ZUBEREITUNG // ⏱ 50 min

1 Von der Lammkeule Fett und Sehnen entfernen und das Fleisch in etwa 2 cm große Würfel schneiden. Die Zwiebeln und den Knoblauch schälen und in kleine Würfel schneiden.

2 Das Olivenöl in einem Topf erhitzen und die Fleischwürfel darin portionsweise rundum anbraten. Das gesamte Fleisch wieder in den Topf geben, die Zwiebeln und den Knoblauch hinzufügen und 3 Minuten mitbraten.

3 Dann 1 ½ l Wasser dazugießen und die Lorbeerblätter hinzufügen. Die Suppe mit Salz und Pfeffer würzen und zugedeckt bei schwacher Hitze etwa 30 Minuten köcheln lassen.

4 Die Datteln häuten, halbieren und entsteinen. Mit dem Limettensaft in die Suppe geben und kurz erwärmen. Die Lammsuppe mit Anis, Nelken und Salz abschmecken und auf Suppenteller oder -schälchen verteilen. Mit der Petersilie garnieren und nach Belieben mit Fladenbrot servieren.

Libanesische Hühnersuppe
mit Kichererbsen

ZUTATEN FÜR 4 PERSONEN

250 g getrocknete Kichererbsen
1 Suppenhuhn (1,2 kg)
2 Zwiebeln
2 Knoblauchzehen
2 Möhren
1 Bio-Zitrone
2 rote Paprikaschoten
2 EL Schnittlauchröllchen
Harissapaste
Salz
Zitronensaft

ZUBEREITUNG // ⏱ 25 min // 💧 12 h // ▦ 2 h 50 min

1 Die Kichererbsen über Nacht in reichlich kaltem Wasser einweichen.

2 Am nächsten Tag das Huhn innen und außen waschen, in einem großen Topf mit kaltem Wasser bedecken und aufkochen. Den dabei entstandenen Schaum abschöpfen.

3 Die Zwiebeln und den Knoblauch schälen und in feine Würfel schneiden. Die Möhren putzen, schälen und in Würfel schneiden. Die Zitrone heiß waschen und in Scheiben schneiden. Alle Zutaten mit in den Topf geben und die Suppe etwa 2 Stunden bei schwacher Hitze köcheln lassen.

4 Das Huhn aus der Brühe nehmen und abkühlen lassen. Die Haut entfernen, das Fleisch von den Knochen lösen und in mundgerechte Stücke zupfen oder schneiden.

5 Die Brühe durch ein feines Sieb gießen, etwa 1,2 l abmessen und in einem Topf aufkochen. Die Kichererbsen in ein Sieb abgießen, abbrausen und abtropfen lassen. Die Kichererbsen in der heißen Brühe bei schwacher Hitze etwa 40 Minuten garen.

6 Die Paprikaschoten längs halbieren, entkernen, waschen und in kleine Stücke schneiden. Mit dem Hähnchenfleisch und dem Schnittlauch in die Suppe geben, nach Belieben mit Harissa würzen und weitere 5 bis 10 Minuten fertig garen. Die Suppe mit Salz und Zitronensaft abschmecken und nach Belieben mit Zitronenstückchen garniert servieren.

Spinatsuppe
mit Linsen und Zitrone

ZUBEREITUNG // 🕐 50 min // 💧 12 h

1 Die Linsen über Nacht in reichlich kaltem Wasser einweichen. Am nächsten Tag in ein Sieb abgießen, abbrausen und abtropfen lassen. Die Linsen in kochendem Wasser etwa 35 Minuten noch leicht bissfest garen.

2 Inzwischen die Kartoffeln schälen, waschen und in Würfel schneiden. In kochendem Salzwasser 10 Minuten garen. Den Spinat verlesen und waschen, grobe Stiele entfernen. Die Blätter in breite Streifen schneiden. Zwiebeln und Knoblauch schälen, beides in feine Würfel schneiden. Die Zitrone heiß waschen und tro-

cken reiben, den Saft auspressen und die Schale mit einem Zestenreißer in feinen Streifen abziehen.

3 Zwiebeln und Knoblauch in Olivenöl andünsten. Linsen und Kartoffeln hinzufügen und die Brühe angießen. Mit Salz, Pfeffer, Koriander und Kreuzkümmel würzen und etwa 10 Minuten köcheln lassen. Den Spinat hinzufügen und weitere 2 Minuten garen.

4 Die Suppe mit dem Zitronensaft abschmecken und mit den Zitronenzesten garnieren.

ZUTATEN FÜR 4 PERSONEN

150 g Tellerlinsen

400 g festkochende Kartoffeln

Salz

350 g Blattspinat

2 Zwiebeln

1 Knoblauchzehe

½ Bio-Zitrone

3 EL Olivenöl

ca. ¾ l Gemüsebrühe

Pfeffer aus der Mühle

2 Msp. gemahlener Koriander

2 Msp. gemahlener Kreuzkümmel

ZUTATEN FÜR 4 PERSONEN

400 g getrocknete braune Bohnen
1 l Gemüsebrühe
2 Zwiebeln
4 Knoblauchzehen
500 g Tomaten
1 Handvoll Petersilie
4 EL Olivenöl
2 EL Tahin (Sesampaste; siehe S. 19)
400 ml passierte Tomaten
Salz · Pfeffer aus der Mühle
½ TL Ras-el-Hanout
½ TL gemahlener Kreuzkümmel

Ägyptischer Bohneneintopf
mit Knoblauch

ZUBEREITUNG // 🕐 1 h // 💧 12 h

1 Die Bohnen über Nacht in reichlich kaltem Wasser einweichen. Am nächsten Tag in ein Sieb abgießen und abbrausen. Die Bohnen in der Brühe etwa 40 Minuten weich garen. In ein Sieb abgießen und abtropfen lassen.

2 Inzwischen die Zwiebeln und den Knoblauch schälen und in feine Würfel schneiden. Die Tomaten waschen und in Würfel schneiden, dabei die Stielansätze entfernen. Die Petersilie waschen und trocken schütteln. Die Blätter abzupfen und klein schneiden.

3 Das Olivenöl in einem Topf erhitzen, die Zwiebeln und den Knoblauch darin andünsten. Die Tomaten und die Sesampaste hinzufügen und mit den passierten Tomaten ablöschen. Die abgetropften Bohnen dazugeben und mit Salz, Pfeffer, Ras-el-Hanout und Kreuzkümmel würzen. Bei schwacher Hitze 10 bis 15 Minuten sämig einkochen lassen.

4 Die Petersilie untermischen und den Eintopf abschmecken. In Suppentellern oder Schälchen servieren.

Mein Lieblingsrezept für...
eine Suppe

MAROKKANISCHE HARIRA

🕐 1 h 40 min // 💧 12 h // Für 4 Personen

1 100 g Berglinsen und 100 g getrocknete Kichererbsen separat in reichlich Wasser über Nacht einweichen. ½ TL Natron zu den Kichererbsen geben. Am nächsten Tag 400 g Lammfleisch (aus der Keule; ohne Knochen) in 2 cm große Würfel schneiden. Kichererbsen und Linsen abgießen. 1 große Zwiebel schälen und in feine Würfel schneiden. 1 EL Butter erhitzen, das Fleisch darin bei mittlerer Hitze rundum anbraten. und wieder herausnehmen. Die Zwiebelwürfel im Topf andünsten. 1 EL Tomatenmark einrühren und kurz anrösten.

2 Fleisch und Kichererbsen dazugeben und mit 1½ l Hühnerbrühe auffüllen. Knapp unter dem Siedepunkt etwa 1¼ Stunden ziehen lassen. Die Linsen dazugeben und 20 Minuten weich garen.

3 75 g Langkornreis waschen und mit so viel Wasser in einen Topf geben, dass es etwa fingerbreit über dem Reis steht. Den Reis salzen und zugedeckt knapp unter dem Siedepunkt quellen lassen, bis die Flüssigkeit aufgenommen ist. Kurz vor Ende der Garzeit den Reis mit 2 TL Gewürzmischung (Pfeffer, Koriander, Kardamon, Kreuzkümmel, Kurkuma, Fenchel, Zimt) abschmecken.

4 Vier Tomaten überbrühen, häuten, vierteln und in Würfel schneiden. In 1 EL Butter andünsten, je 1 EL geschnittene Petersilie und Minze hinzufügen und mit Salz und Pfeffer würzen. Reis und Tomaten unter die Harira mischen und mit Limettensaft abschmecken.

Arabische Gemüsesuppe
mit Hähnchenbrust

ZUTATEN FÜR 4 PERSONEN

400 g gemischtes grünes
Blattgemüse (z. B. Blattspinat,
Mangold, Senfkohl)
Salz · 1 l Hühnerbrühe
1 Hähnchenbrust
(ca. 450 g; mit Knochen)
1 Zwiebel · 2 Knoblauchzehen
1 Möhre
2 Stangen Staudensellerie
1 EL Butterschmalz
Pfeffer aus der Mühle
2–3 EL Zitronensaft
1 TL abgeriebene Bio-
Zitronenschale

ZUBEREITUNG // 🕐 45 min

1 Das Blattgemüse putzen, waschen und in kochendem Salzwasser blanchieren. In ein Sieb abgießen, kalt abschrecken und gut abtropfen lassen. Die Brühe aufkochen. Die Hähnchenbrust waschen, trocken tupfen und in der Brühe bei schwacher Hitze 15 Minuten ziehen lassen.

2 Zwiebel und Knoblauch schälen und in feine Würfel schneiden. Möhre putzen und schälen, Sellerie putzen und waschen. Beides in feine Streifen schneiden. Das Fleisch aus der Brühe nehmen und die Brühe durch ein feines Sieb gießen.

3 Das Butterschmalz in einem großen Topf erhitzen. Die Zwiebel, den Knoblauch und die Gemüsestreifen darin bei mittlerer Hitze andünsten. Die Brühe dazugießen und erwärmen, aber nicht kochen lassen. Die Suppe knapp unter dem Siedepunkt etwa 20 Minuten garen.

4 Die Hähnchenbrust häuten, das Fleisch vom Knochen lösen und in feine Streifen schneiden. Mit dem Blattgemüse in der Suppe erwärmen und mit Salz, Pfeffer und Zitrone abschmecken.

Afghanische Nudelsuppe
mit Joghurt

ZUTATEN FÜR 4 PERSONEN

2 Zwiebeln

2 Knoblauchzehen · 2 Möhren

2 EL Öl

2 TL Chilipulver

(oder Paprikapulver)

1 TL gemahlener Kreuzkümmel

1 TL gemahlene Kurkuma

1 l Hühnerbrühe

3 EL gehackte Petersilie

Salz · Pfeffer aus der Mühle

120 g Suppennudeln

(Kurzfaden)

350 g Kichererbsen

(aus der Dose)

4 EL Naturjoghurt

ZUBEREITUNG // 🕐 35 min

1 Die Zwiebeln und den Knoblauch schälen und in feine Würfel schneiden. Die Möhren putzen, schälen und in kleine Würfel schneiden.

2 Das Öl in einem Topf erhitzen und Zwiebeln, Knoblauch und Möhren darin andünsten. Chili, Kreuzkümmel und Kurkuma hinzufügen und kurz mitdünsten. Mit der Brühe ablöschen und die Hälfte der Petersilie dazugeben. Mit Salz und Pfeffer würzen und die Suppe aufkochen lassen.

3 Die Nudeln in kochendem Salzwasser nach Packungsangabe garen und in ein Sieb abgießen. Die abgetropften Kichererbsen zur Suppe geben und 10 bis 15 Minuten fertig garen. Die Nudeln hinzufügen, die Suppe abschmecken und auf Schüsseln verteilen. Den Joghurt glatt rühren, je 1 EL auf die Suppe geben und mit der restlichen Petersilie bestreuen.

Lammeintopf
mit Esskastanien und Süßkartoffeln

ZUTATEN FÜR 4 PERSONEN

600 g Lammfleisch
(z.B. aus der Schulter)
2 Zwiebeln
2 Knoblauchzehen
2 EL Öl
ca. 400 ml Lammfond
Salz · Pfeffer aus der Mühle
400 g Süßkartoffeln
1 Bio-Zitrone
1 Zimtstange
350 g Esskastanien
(vorgegart; geschält)

ZUBEREITUNG // 🕐 20 min // 🍳 1 h 40 min

1 Das Fleisch waschen, trocken tupfen und in große Stücke schneiden. Die Zwiebeln und den Knoblauch schälen. Die Zwiebeln in Streifen, den Knoblauch in Scheiben schneiden.

2 Das Öl in einem Schmortopf erhitzen und das Fleisch darin rundum braun anbraten. Die Zwiebeln und den Knoblauch dazugeben und 2 bis 3 Minuten mitbraten. Mit dem Fond ablöschen und aufkochen. Mit Salz und Pfeffer würzen und das Fleisch zugedeckt bei schwacher Hitze etwa 1½ Stunden schmoren.

3 Die Süßkartoffeln schälen und in längliche Spalten schneiden. Die Zitrone heiß waschen und trocken tupfen. Die Schale mit einem Zestenreißer in feinen Streifen abziehen. Die Zitrone halbieren und etwas Saft auspressen.

4 Nach der Hälfte der Garzeit die Zitronenzesten, die Zimtstange und die Kartoffeln zum Lamm geben. Die Esskastanien in den letzten 20 Minuten mitgaren und bei Bedarf noch etwas Fond oder Wasser angießen.

5 Den Lammeintopf vor dem Servieren mit Salz, Pfeffer und Zitronensaft abschmecken. Mit Reis oder Fladenbrot servieren.

TIPP *Statt Lammfond können Sie auch Wildfond, Rinder- oder Gemüsebrühe für diesen Eintopf verwenden. Alternativ zur Süßkartoffel schmecken auch Kürbis, Pastinake oder Topinambur.*

Miesmuschelsuppe

mit Würzspießchen

ZUBEREITUNG // ⏱ 50 min

1 Die Muscheln unter fließendem kaltem Wasser gründlich säubern, geöffnete Muscheln aussortieren. Schalotten, Knoblauch, Möhre und Sellerie schälen und in kleine Würfel schneiden.

2 Das Gemüse in 1 EL Öl 3 bis 4 Minuten andünsten. Die Muscheln dazugeben und mit dem Wein und etwa 100 ml Brühe ablöschen. Zugedeckt etwa 5 Minuten garen, bis sie sich geöffnet haben. Die Muscheln herausheben.

3 Den Muschelsud mit der übrigen Brühe aufgießen. 1 TL Salz und die Gewürze dazugeben und 10 Minuten köcheln lassen. Die

Sahne dazugießen und 15 Minuten einköcheln lassen. Durch ein Sieb passieren und mit Salz und Pfeffer abschmecken.

4 Die Muscheln auslösen und auf Holzspieße stecken. Die Kräuter waschen und die Blätter mit dem Brötchen fein zerkleinern. Die Eiweiße verquirlen und die Muschelspieße hindurchziehen. In der Bröselmischung wenden und im restlichen Öl goldbraun braten.

5 Die Butter unter die Suppe mixen. Die restlichen Muscheln auf Teller verteilen, die Suppe darübergießen und mit den Spießen garnieren.

ZUTATEN FÜR 4 PERSONEN

1 ½ kg Miesmuscheln

2 Schalotten · 2 Knoblauchzehen

1 Möhre

150 g Knollensellerie

ca. 8 EL Öl

200 ml trockener Weißwein

600 ml Gemüsebrühe

Salz · 1 Zimtstange

3 Sternanis

5–6 Gewürznelken

250 g Sahne

Pfeffer aus der Mühle

2 Zweige Thymian

je 2 Stiele Petersilie und Minze

1 altbackenes Brötchen (in Würfeln)

2 Eiweiß

4 EL Butter

ZUTATEN FÜR 4 PERSONEN

1 Suppenhuhn
(ca. 1,2 kg; küchenfertig)
1 Zwiebel
1 Lorbeerblatt
2 Gewürznelken
Salz
100 g rote Linsen
1 große Dose Kichererbsen
(460 g Abtropfgewicht)
½ Fladenbrot
je 1 Bund Petersilie
und Koriander
2 Bio-Zitronen

Hühnersuppe
mit Kichererbsen

ZUBEREITUNG // 🕐 35 min // 🍽 2 h

1 Das Huhn innen und außen waschen und in einem großen Topf mit kaltem Wasser bedecken. Die Zwiebel schälen und in Streifen schneiden. Lorbeerblatt, Gewürznelken und 2 TL Salz mit in den Topf geben. Langsam bis zum Siedepunkt erhitzen, dabei den entstehenden Schaum abschöpfen. Das Huhn zugedeckt bei schwacher Hitze etwa 1½ Stunden garen.

2 Das Huhn herausnehmen. Die Brühe durch ein Sieb gießen, 1½ l abmessen und zurück in den Topf geben (Rest anderweitig verwenden). Die Brühe aufkochen und die Linsen darin bei schwacher Hitze etwa 20 Minuten garen.

3 Das Hühnerfleisch auslösen und in mundgerechte Stücke schneiden. Die Kichererbsen in ein Sieb abgießen und abtropfen lassen. Fleisch und Kichererbsen kurz vor Ende der Garzeit zu den Linsen geben und erwärmen.

4 Das Fladenbrot in Würfel schneiden und in einer Pfanne ohne Fett anrösten. Die Kräuter waschen und trocken schütteln, die Blätter abzupfen und grob hacken. Die Zitronen heiß waschen, trocken reiben und in Spalten schneiden. Brot, Kräuter und Zitronen jeweils in Schüsseln anrichten und mit der Hühnersuppe servieren.

Kaninchen-Bohnen-Eintopf
mit Zaatar

ZUTATEN FÜR 4 PERSONEN

1 Zwiebel

1 Möhre

½ dünne Lauchstange

1 Stange Staudensellerie

4 Kaninchenkeulen

1–2 TL Öl

2 l Gemüsebrühe

Salz

100 g feiner Bulgur

300 g grüne Saubohnenkerne
(frisch oder tiefgekühlt)

1 Lorbeerblatt

2 Scheiben Ingwer

1 TL Zaatar

mildes Chilipulver

je 1 EL Dill und Petersilie (frisch
geschnitten)

ZUBEREITUNG // ⏱ 40 min // ▦ 1 h 15 min

1 Die äußere Schale der Zwiebel entfernen, den Wurzelansatz und die Spitze abschneiden. Die Zwiebel quer halbieren und in einer unbeschichteten Pfanne ohne Fett auf den Schnittflächen goldbraun anrösten. Die Möhre putzen, schälen, längs halbieren und schräg in ½ cm dicke Scheiben schneiden. Den Lauch gründlich waschen und in 1 bis 2 cm dicke Ringe schneiden. Den Sellerie putzen, waschen und schräg in ½ cm breite Scheiben schneiden.

2 Die Kaninchenkeulen waschen und trocken tupfen. Das Öl in einer Pfanne erhitzen und die Kaninchenkeulen darin rundum kurz anbraten.

3 In einem großen Topf die Brühe zum Kochen bringen, die Kaninchenkeulen mit den Zwiebelhälften hineinlegen und knapp unter dem Siedepunkt 1¼ Stunden gar ziehen lassen.

4 Inzwischen in einem Topf mit Salzwasser den Bulgur 4 bis 5 Minuten kochen und in ein Sieb abgießen. Die Bohnenkerne in kochendem Salzwasser 1 bis 2 Minuten blanchieren, kalt abschrecken, abtropfen lassen und aus den Häuten drücken.

5 Nach 1 Stunde die Möhre und das Lorbeerblatt zu den Kaninchenkeulen geben, nach weiteren 5 bis 10 Minuten den Sellerie, den Lauch und den Ingwer hinzufügen.

6 Am Ende der Garzeit die Zwiebelhälften entfernen. Die Kaninchenkeulen aus der Brühe nehmen, etwas abkühlen lassen, das Fleisch vom Knochen lösen und in 2 bis 3 cm große Stücke schneiden. Das Kaninchenfleisch wieder in den Eintopf legen, Bulgur und Bohnenkerne dazugeben. Mit Salz, Zaatar und 1 Prise Chilipulver abschmecken. Ingwer und Lorbeerblatt entfernen. Kurz vor dem Servieren den Dill und die Petersilie unterrühren. Den Kaninchen-Bohnen-Eintopf in vorgewärmten tiefen Tellern anrichten.

GEMÜSEGERICHTE

Kichererbsengemüse
mit Tomaten und Pastirma

ZUTATEN FÜR 4 PERSONEN

250 g getrocknete Kichererbsen
2 Zwiebeln
2 Knoblauchzehen · Salz
2 hellgrüne Spitzpaprikaschoten
1 große Dose geschälte Tomaten
(480 g Abtropfgewicht)
1 EL Tomatenmark
100 g Pastirma (gedörrtes
Rinderfilet, in Scheiben
geschnitten; ersatzweise
200 g scharfe Knoblauchwurst)
4 EL Olivenöl
½ Bund Petersilie
Pfeffer aus der Mühle

ZUBEREITUNG // 🕐 20 min // ▦ 2 h 15 min // 💧 12 h

1   Die Kichererbsen über Nacht in reichlich kaltem Wasser
einweichen. Am nächsten Tag die Kichererbsen in ein Sieb abgießen, kalt abbrausen und abtropfen lassen. Die Kichererbsen
in einen Topf geben und so viel kaltes Wasser hinzufügen, dass
es etwa 5 cm hoch über den Kichererbsen steht. Offen aufkochen, dabei den entstehenden Schaum abschöpfen. Die Kichererbsen offen bei mittlerer Hitze 20 Minuten weiterkochen,
dann zugedeckt 1½ Stunden garen. Alternativ 500 g Kichererbsen aus der Dose verwenden.

2   Am nächsten Tag die Zwiebeln schälen und in feine Würfel
schneiden. Den Knoblauch schälen, mit etwas Salz bestreuen
und fein zerreiben. Die Paprikaschoten längs halbieren,
entkernen, waschen und in breite Streifen schneiden. Die
Dosentomaten in ein Sieb abgießen und abtropfen lassen, dabei
den Saft auffangen. Die Tomaten klein schneiden oder zerdrücken und mit dem aufgefangenen Saft in eine Schüssel geben,
das Tomatenmark unterrühren.

3   Die Pastirma-Scheiben in größere Stücke zupfen. Das Olivenöl
in einem großen Topf erhitzen, die Zwiebeln, den Knoblauch
und die Paprikastreifen darin 1 Minute unter Rühren anbraten.
Die Pastirma-Stücke dazugeben und kurz mitbraten. Die Tomatenmischung hinzufügen und alles bei schwacher Hitze etwa
10 Minuten köcheln lassen.

4   Die Kichererbsen abgießen und unter die Tomatenmischung
rühren. So viel Kochsud angießen, dass alles gut bedeckt ist.
Das Gemüse bei schwacher Hitze 15 Minuten köcheln lassen.
Die Petersilie waschen und trocken schütteln, die Blätter abzup-
fen, fein hacken und unterrühren. Das Gemüse mit Salz und
Pfeffer abschmecken und nach Belieben Reis dazu servieren.

Fenchelgemüse
mit Anis

ZUBEREITUNG // 🕐 40 min

1 Den Fenchel putzen, waschen und in feine Streifen schneiden. Die Zucchini putzen, waschen und in kleine Würfel schneiden.

2 In einer Pfanne 3 EL Olivenöl erhitzen und den Fenchel darin bei mittlerer Hitze andünsten. Dann zugedeckt bei schwacher Hitze etwa 20 Minuten garen, dabei gelegentlich umrühren.

3 Das restliche Olivenöl in einer zweiten Pfanne erhitzen und die Zucchini darin bei mittlerer Hitze unter Rühren etwa 5 Minuten garen

(sie sollten dabei nicht braun werden). Die Zucchini mit dem Anis unter den Fenchel mischen und das Gemüse offen bei mittlerer Hitze weitere 10 Minuten garen.

4 Das Gemüse vom Herd nehmen und die Butter unterrühren. Das Fenchelgemüse mit Salz und Pfeffer kräftig würzen. Zum Servieren auf Tellern anrichten und mit Sternanis garnieren.

ZUTATEN FÜR 4 PERSONEN

6 Fenchelknollen

6 Zucchini

5 EL Olivenöl

1 ½ EL Anissamen

3 EL Butter

Salz · Pfeffer aus der Mühle

Sternanis zum Garnieren

ZUTATEN FÜR 4 PERSONEN

ca. 1,2 kg kleine
festkochende Kartoffeln
1 Bund Frühlingszwiebeln
1 Bund Koriander
3 EL Olivenöl
2 EL Butter
1 Lorbeerblatt
1–2 TL Kreuzkümmelsamen
10 Safranfäden
Salz · Pfeffer aus der Mühle

Safrankartoffeln
mit Koriander

ZUBEREITUNG // ⏱ 1 h

1 Den Backofen auf 200 °C vorheizen. Die Kartoffeln schälen und waschen. Die Frühlingszwiebeln putzen, waschen und in Stücke schneiden. Den Koriander waschen und trocken schütteln, die Blätter von den Stielen zupfen.

2 Das Olivenöl und die Butter in einem großen ofenfesten Topf erhitzen, Kartoffeln und Frühlingszwiebeln darin rundum anbraten. Etwa ½ l heißes Wasser angießen und das Lorbeerblatt, den Kreuzkümmel, den Safran

und die Korianderblätter dazugeben. Mit Salz und Pfeffer würzen und zugedeckt im Backofen etwa 30 Minuten garen.

3 Den Deckel abnehmen und die Kartoffeln weitere 20 Minuten garen, bis das Wasser fast verdampft ist. Die Safrankartoffeln noch einmal mit Salz und Pfeffer abschmecken.

Mandelhirse
mit Auberginen und Safran

ZUTATEN FÜR 4 PERSONEN

250 g Hirse
1 Zwiebel
3 Knoblauchzehen
4 EL Olivenöl
4 EL Mandelstifte
½ l Gemüsebrühe
50 g Rosinen
½ Zimtstange
½ TL gemahlener Kreuzkümmel
1 Msp. gemahlener Safran
Salz · Pfeffer aus der Mühle
1 Aubergine
1 Stange Lauch
150 g Staudensellerie
150 g Möhren

ZUBEREITUNG // 🕐 45 min

1 Die Hirse in einem Sieb mit lauwarmem Wasser abbrausen und gut abtropfen lassen. Die Zwiebel und den Knoblauch schälen und in feine Würfel schneiden. In einem Topf 2 EL Olivenöl erhitzen, die Zwiebel- und Knoblauchwürfel darin andünsten.

2 Die Mandeln und die Hirse untermischen und kurz anrösten. Die Brühe dazugießen und die Rosinen und die Zimtstange hinzufügen. Mit Kreuzkümmel, Safran, Salz und Pfeffer würzen und zugedeckt bei schwacher Hitze etwa 25 Minuten quellen lassen.

3 Inzwischen die Aubergine putzen, waschen, längs vierteln und quer in etwa 1 cm dicke Scheiben schneiden. Mit 1 TL Salz bestreuen und 10 Minuten ziehen lassen.

4 Den Lauch und den Sellerie putzen und waschen, die Möhren putzen und schälen. Das Gemüse in Ringe bzw. Scheiben schneiden. Die Auberginenscheiben abbrausen und mit Küchenpapier trocken tupfen. Das restliche Öl in einer großen Pfanne erhitzen und die Auberginenscheiben darin auf beiden Seiten braten. Herausnehmen und beiseitestellen.

5 Das restliche Gemüse in der Pfanne unter Rühren kurz anbraten und 5 EL Wasser dazugeben. Das Gemüse zugedeckt bei schwacher Hitze etwa 5 Minuten bissfest garen. Die Auberginenscheiben wieder dazugeben und das Gemüse mit Salz und Pfeffer würzen.

6 Das Gemüse auf Teller verteilen und die Mandelhirse darauf anrichten.

TIPP *Zum Anrichten füllen Sie die Mandelhirse in eine Tasse und stürzen diese auf das Gemüsebett. Nach Belieben mit Zimtstangen, Petersilie oder Koriander garnieren.*

Mein Lieblingsrezept für...
ein Gemüsegericht

GEMÜSE-COUSCOUS MIT JOGHURTDIP

🕐 40 min // Für 4 Personen

1 200 g Möhren, 250 g Zucchini, 400 g Hokkaidokürbisfruchtfleisch, 1 Aubergine, 100 g Zwiebeln und 3 Knoblauchzehen putzen und waschen bzw. schälen und in Stücke oder Spalten schneiden.

2 Etwas Öl in einem breiten Topf erhitzen. Das Gemüse portionsweise in heißem Öl kräftig anbraten, herausnehmen und beiseitestellen. Zwiebeln, Knoblauch und 2 Zimtstangen etwa 1 Minute im heißen Öl braten, 1 TL Tomatenmark unterrühren und kurz anrösten. Mit ½ l Wasser ablöschen, das Gemüse dazugeben, mit Salz, Pfeffer, Kreuzkümmel und Koriander würzen und bei schwacher Hitze 10 Minuten garen.

3 Inzwischen in einem Topf 350 ml Gemüsebrühe mit je 1 TL gemahlener Kurkuma und Cayennepfeffer aufkochen. Den Couscous in die Gemüsebrühe rühren, vom Herd nehmen und zugedeckt 10 Minuten quellen lassen.

4 Für den Joghurt in einer Schüssel 200 g griechischen Joghurt mit 2 EL gehackter Petersilie, 1 TL Zitronensaft und Salz verrühren. Den Couscous mit einer Gabel auflockern und mit dem Gemüse auf einer Platte oder auf Tellern anrichten. Den Joghurt dazu servieren.

Auberginen
mit Tomatenfüllung

ZUTATEN FÜR 4 PERSONEN

4 Auberginen · Salz
1 TL getrockneter Thymian
½ TL schwarze Pfefferkörner
½ TL ganzer Kreuzkümmel
2 Zwiebeln
3 Knoblauchzehen
Olivenöl zum Braten
200 g Artischockenherzen
(aus dem Glas)
400 g Cocktailtomaten
Zitronensaft zum Beträufeln

ZUBEREITUNG // 🕐 30 min // ▦ 30 min

1 Die Auberginen putzen, waschen und längs halbieren, die Schnittflächen längs etwa 1 cm tief einschneiden. Mit Salz bestreuen und etwa 15 Minuten ziehen lassen. Die Auberginen mit Küchenpapier trocken tupfen, das Fruchtfleisch mit einem Löffel etwa 2 cm tief herausschaben, fein hacken und in eine Schüssel geben.

2 Für die Füllung Thymian, Pfefferkörner und Kreuzkümmel mit etwas Salz im Mörser fein zermahlen. Die Zwiebeln und den Knoblauch schälen, die Zwiebeln in grobe, den Knoblauch in feine Würfel schneiden. Beides unter das Auberginenfruchtfleisch mischen.

3 Den Backofen auf 180 °C vorheizen. Reichlich Olivenöl in einer Pfanne erhitzen und die ausgehöhlten Auberginenhälften darin portionsweise unter mehrmaligem Wenden etwa 3 Minuten braten. Die Auberginen aus der Pfanne nehmen und auf Küchenpapier abtropfen lassen.

4 Das Auberginenfleisch in die noch heiße Pfanne geben und im verbliebenen Olivenöl andünsten. Die Artischocken auf einem Sieb abtropfen lassen, klein schneiden und mitdünsten. Die Tomaten waschen, halbieren und dazugeben. Die fein gemahlenen Gewürze unterrühren. Das Gemüse mit Salz abschmecken und die Pfanne vom Herd nehmen.

5 Die Auberginenhälften auf ein mit Backpapier belegtes Backblech setzen. Mit der Tomaten-Artischocken-Mischung füllen, mit etwas Zitronensaft beträufeln und im Ofen auf der mittleren Schiene 20 bis 30 Minuten garen.

Biryani
mit Süßkartoffeln

ZUBEREITUNG // 🕐 35 min

1 Den Reis mit 600 ml leicht gesalzenem Wasser und dem Currypulver in einem Topf aufkochen und zugedeckt bei schwacher Hitze etwa 20 Minuten ausquellen lassen.

2 Die Zwiebel und die Süßkartoffeln schälen und in kleine Würfel schneiden. Das Öl in einem Topf erhitzen und beides darin 2 bis 3 Minuten andünsten. Etwas Wasser angießen, mit Salz würzen und zugedeckt etwa 10 Minuten garen.

3 Die Bohnen putzen, waschen, in Stücke schneiden und nach etwa 5 Minuten mit zum Gemüse geben. Zum Schluss das Gemüse offen garen, bis die Flüssigkeit verkocht ist.

4 Den Reis unter das Gemüse mischen und unter Rühren 2 bis 3 Minuten mitgaren. Das Biryani mit Kurkuma, Kreuzkümmel, Zitronensaft, Salz, Pfeffer und Harissa abschmecken und nach Belieben mit Petersilie bestreut servieren.

ZUTATEN FÜR 4 PERSONEN

300 g Langkornreis

Salz

1 TL Currypulver

1 Zwiebel

250 g Süßkartoffeln

2 EL Öl

150 g grüne Bohnen

gemahlene Kurkuma

gemahlener Kreuzkümmel

1–2 EL Zitronensaft

Pfeffer aus der Mühle

Harissa

gehackte Petersilie

ZUTATEN FÜR 4 PERSONEN

1 Zwiebel

1 Bio-Orange

2 EL Butterschmalz

2 Kardamomkapseln

3–4 Gewürznelken

300 g Langkornreis

Salz

75 g Pistazienkerne

75 g getrocknete Berberitzen

1–2 TL Orangenblütenwasser

1–2 TL Rosenblütenwasser

Pfeffer aus der Mühle

Persischer Reis
mit Pistazien und Berberitzen

ZUBEREITUNG // 🕐 35 min

1 Die Zwiebel schälen und in feine Würfel schneiden. Die Orange heiß waschen und trocken reiben. Die Schale dünn abschneiden und in feine, kurz Streifen schneiden.

2 In einem Topf das Butterschmalz erhitzen und die Zwiebel darin andünsten. Die Orangenschalenstreifen, den Kardamom und die Nelken dazugeben und kurz mitdünsten.

3 Den Reis untermischen und mit etwa 600 ml Wasser bedecken. Etwas Salz hinzufügen und den Reis zugedeckt etwa 25 Minuten garen.

Bei Bedarf noch etwas Wasser hinzufügen. Die Flüssigkeit sollte am Ende der Garzeit vollständig aufgesogen sein.

4 Die Pistazien in Stifte schneiden und die Berberitzen fein hacken. Pistazien, Berberitzen, Orangen- und Rosenblütenwasser etwa 5 Minuten vor Garzeitende zum Reis geben. Den persischen Reis mit Salz und Pfeffer abschmecken.

Auberginenröllchen

in Tomatensauce

ZUTATEN FÜR 4 PERSONEN

Für die Tomatensauce

1 Zwiebel

2 Knoblauchzehen

1 Möhre

1 Stange Staudensellerie

2 EL Olivenöl

1 EL Tomatenmark

150 ml trockener Rotwein

300 ml Lammfond
(aus dem Glas)

1 große Dose stückige Tomaten
(480 g Abtropfgewicht)

1 EL Thymianblättchen

Salz · Pfeffer aus der Mühle

Für die Auberginenröllchen

Olivenöl zum Braten

450 g Lammhackfleisch

Salz · Pfeffer aus der Mühle

gemahlener Kreuzkümmel

2 Auberginen

100 g geriebener Ziegenkäse

ZUBEREITUNG // ⏱ 40 min // 🍳 25 min

1 Für die Tomatensauce die Zwiebel und den Knoblauch schälen und in feine Würfel schneiden. Die Möhre putzen und schälen, den Sellerie putzen und waschen und beides in kleine Würfel schneiden.

2 Das Olivenöl in einem großen Topf erhitzen. Zwiebel, Knoblauch, Möhre und Sellerie darin andünsten. Das Tomatenmark unterrühren, mit dem Wein ablöschen und etwas einköcheln lassen. Dann den Lammfond angießen und die Tomaten samt Saft hinzufügen und untermischen. Alles bei schwacher Hitze etwa 20 Minuten einköcheln lassen. Den Topf vom Herd nehmen, den Thymian dazugeben und die Tomatensauce mit Salz und Pfeffer abschmecken.

3 Für die Auberginenröllchen 2 EL Olivenöl in einer Pfanne erhitzen und das Hackfleisch darin krümelig braten. Etwa ein Drittel der Tomatensauce dazugeben und untermischen, die Hackfüllung mit Salz, Pfeffer und 1 Prise Kreuzkümmel würzen.

4 Den Backofen auf 180 °C vorheizen. Die Auberginen putzen, waschen und längs in 1 cm dicke Scheiben schneiden. Olivenöl in einer Pfanne erhitzen und die Auberginenscheiben darin portionsweise auf beiden Seiten 1 bis 2 Minuten goldbraun braten. Herausnehmen und auf Küchenpapier abtropfen lassen. Auf das untere Ende der Auberginenscheiben je 1 EL Hackfleischfüllung geben, die Scheiben aufrollen und nach Belieben mit Holzspießchen feststecken.

5 Die Auberginenröllchen nebeneinander in eine große flache Auflaufform setzen. Die restliche Tomatensauce über die Röllchen gießen und mit der Hälfte des Ziegenkäses bestreuen. Die Auberginenröllchen im Ofen auf der mittleren Schiene etwa 25 Minuten garen. Mit dem restlichen Käse bestreut servieren.

Shakshuka

pochierte Eier in Tomatensauce

ZUBEREITUNG // 🕐 35 min

1 Den Backofen auf 220 °C vorheizen. Den Kreuzkümmel in einer Pfanne ohne Fett duftend rösten und im Mörser fein zerreiben. Die Chilischote entkernen und waschen. Knoblauch und Zwiebel schälen und alles in feine Würfel schneiden.

2 Zwiebel, Knoblauch und Chili im Olivenöl in einer ofenfesten Pfanne bei mittlerer Hitze andünsten. Mit dem Kreuzkümmel bestreuen, die Tomaten dazugeben und mit Salz, Pfeffer und 1 Prise Zucker würzen. Ohne Deckel leicht dicklich einköcheln lassen.

3 Die Pfanne vom Herd nehmen und mit einem Löffel vier Mulden in die Tomatensauce drücken. Die Eier einzeln aufschlagen und hineingleiten lassen. Nochmal kurz erhitzen und leicht köcheln lassen. Dann in den Ofen schieben und die Eier etwa 7 Minuten stocken lassen.

4 Den Koriander waschen, trocken schütteln und die Blätter abzupfen. Die Pfanne herausnehmen, den Koriander darüberstreuen und die Eier mit Salz und Pfeffer würzen. Dazu passt Fladenbrot.

ZUTATEN FÜR 4 PERSONEN

1 TL ganzer Kreuzkümmel

1 rote Chilischote

1 Knoblauchzehe

1 Zwiebel

2 EL Olivenöl

1 kleine Dose gehackte Tomaten
(240 g Abtropfgewicht)

Salz · Pfeffer aus der Mühle

Zucker

4 Eier

2–3 Stiele Koriander

ZUTATEN FÜR 4 PERSONEN

Für den Joghurt

2 Frühlingszwiebeln

4 Knoblauchzehen

300 g griechischer Joghurt

Salz · Pfeffer aus der Mühle

Für das Omelett

je 1 Bund Petersilie,
Minze und Dill

2 Frühlingszwiebeln

2 Knoblauchzehen

1 EL Butter

2 EL Öl · 8 Eier

Salz · Pfeffer aus der Mühle

Kräuteromelett
mit Knoblauchjoghurt

ZUBEREITUNG // 🕐 30 min

1 Für den Joghurt die Frühlingszwiebeln putzen, waschen und in feine Ringe schneiden.
Den Knoblauch schälen und in feine Würfel
schneiden. Beides unter den Joghurt rühren,
mit Salz und Pfeffer würzen und kühl stellen.

2 Für das Omelett die Kräuter waschen und
trocken schütteln, die Blätter bzw. Spitzen
abzupfen und grob hacken. Die Frühlingszwiebeln putzen, waschen und in feine Ringe
schneiden. Den Knoblauch schälen und in
feine Würfel schneiden. Die Butter und das
Öl in einer großen Pfanne erhitzen, Frühlings-

zwiebeln, Knoblauch und die Hälfte der
Kräuter darin bei schwacher Hitze andünsten.

3 Die Eier verquirlen, mit Salz und Pfeffer würzen und die restlichen Kräuter untermischen.
Die Mischung in der Pfanne bei schwacher
Hitze stocken lassen. Vom Pfannenrand lösen, auf einen Teller gleiten lassen, wenden
und in der Pfanne auf der zweiten Seite fertig
backen. Zum Servieren in Stücke schneiden
und nach Belieben mit Kräuterblättern garnieren. Den Knoblauchjoghurt dazu servieren.

Teigtaschen und Fladen
mit Hähnchen und Pilzen

ZUTATEN
FÜR 6 BZW. 8 STÜCK

Für die Teigtaschen

1 Bund Frühlingszwiebeln

2 Tomaten

1 hellgrüne Spitzpaprikaschote

250 g Hähnchenbrustfilet

2 EL Öl

Salz · Pfeffer aus der Mühle

100 g Erbsen (tiefgekühlt)

2 EL gehackte Petersilie

1 Eigelb

6 Scheiben Blätterteig
(tiefgekühlt und aufgetaut)

Mehl für die Arbeitsfläche

1 Ei

Für die Teigfladen

250 g Mehl · Salz

¼ Würfel Hefe (10 g) · Zucker

250 g Champignons
oder Steinpilze

1 Zwiebel

2 EL Öl · 1 Ei

Salz · Pfeffer aus der Mühle

Mehl für die Arbeitsfläche

2 EL Olivenöl

3 EL zerlassene Butter

ZUBEREITUNG // 🕐 55 bzw. 45 min

1 Für die Teigtaschen die Frühlingszwiebeln putzen, waschen und klein schneiden. Die Tomaten waschen, vierteln, entkernen und in kleine Würfel schneiden. Die Paprika längs halbieren, entkernen, waschen und in Streifen schneiden. Das Fleisch waschen, trocken tupfen und in 2 cm große Würfel schneiden. Im heißen Öl rundum anbraten, mit Salz und Pfeffer würzen. Die Erbsen und das vorbereitete Gemüse dazugeben und mitdünsten. Die Petersilie untermischen, mit Salz und Pfeffer würzen. Die Füllung abkühlen lassen und das Eigelb unterrühren.

2 Den Backofen auf 200 °C vorheizen. Den Blätterteig auf der bemehlten Arbeitsfläche zu etwa 16 × 22 cm großen Rechtecken ausrollen. Das Ei trennen und die Ränder mit Eiweiß bestreichen. Jeweils in die Mitte der Rechtecke etwas Füllung setzen, den Teig darüberklappen und die Ränder andrücken. Die Taschen auf ein mit Backpapier belegtes Backblech legen und mit dem verquirlten Eigelb bestreichen. Die Teigtaschen mit einer Gabel mehrmals einstechen und im Ofen auf der mittleren Schiene etwa 25 Minuten goldbraun backen.

3 Für die Fladen das Mehl auf die Arbeitsfläche häufen, eine Mulde hineindrücken und ¼ TL Salz hineingeben. Die Hefe zerbröckeln, mit 1 Prise Zucker in 150 ml lauwarmem Wasser auflösen und in die Mulde gießen. Von der Mitte aus zu einem Teig verkneten, zugedeckt an einem warmen Ort etwa 20 Minuten gehen lassen. Inzwischen die Pilze putzen und in Scheiben schneiden. Die Zwiebel schälen und in feine Würfel schneiden. Beides in einer Pfanne im heißen Öl andünsten. Das verquirlte Ei unterrühren und stocken lassen. Die Füllung mit Salz und Pfeffer würzen.

4 Den Teig durchkneten, in 8 Portionen teilen und auf der bemehlten Arbeitsfläche dünn zu Kreisen ausrollen. Die Teigkreise füllen, zusammenklappen und die Ränder andrücken. In einer Pfanne im Olivenöl portionsweise auf beiden Seiten goldbraun braten und mit Butter bestreichen.

Bulgur-Pilaw
mit Mangold und Tomaten

ZUBEREITUNG // 🕐 35 min

1 Die Zwiebeln schälen und in feine Würfel schneiden. Die Paprika- und die Chilischote längs halbieren, entkernen, waschen und ebenfalls in Würfel schneiden. In einem breiten Topf 2 EL Olivenöl erhitzen, Zwiebeln, Paprika- und Chiliwürfel darin anbraten. Mit Paprikapulver, Salz und Pfeffer würzen.

2 Den Bulgur und die Korinthen hinzufügen und die Brühe angießen. Alles aufkochen und bei schwacher Hitze zugedeckt etwa 20 Minuten garen, bis der Bulgur weich ist.

3 Den Mangold putzen und waschen. Die Blätter in breiten Streifen von den Stielen schneiden, die Mangoldstiele in kleine Würfel schneiden. Die Tomaten waschen, vierteln und entkernen, das Fruchtfleisch in kleine Würfel schneiden.

4 Das restliche Olivenöl in einem Topf erhitzen und die Mangoldstiele darin andünsten. Die Mangoldblätter und Tomaten dazugeben und 3 Minuten mitdünsten. Die Mangold-Tomaten-Mischung unter den Bulgur heben, den Pilaw mit Salz und Pfeffer abschmecken.

ZUTATEN FÜR 4 PERSONEN

2 Zwiebeln

1 rote Paprikaschote

1 rote Chilischote

4 EL Olivenöl

2 TL Paprikapulver (edelsüß)

Salz · Pfeffer aus der Mühle

400 g grober Bulgur

1 EL Korinthen

800 ml Gemüsebrühe

800 g Mangold

2 Tomaten

ZUTATEN FÜR 4 PERSONEN

Für die Puffer

1 kg kleine Zucchini · Salz

3 Frühlingszwiebeln

je 1 Bund Petersilie und Dill

5 EL Mehl · 3 Eier

Pfeffer aus der Mühle

Öl zum Braten

Für den Dip

100 g Feta (Schafskäse)

200 g griechischer Joghurt

3 EL gehackte Minze

½ TL abgeriebene Bio-Zitronenschale

Salz · Pfeffer aus der Mühle

Zucchinipuffer
mit Schafskäsedip

ZUBEREITUNG // 🕐 40 min

1 Für die Puffer die Zucchini putzen, waschen und auf der Gemüsereibe grob raspeln. 1 TL Salz untermischen und die Zucchiniraspel etwa 20 Minuten ziehen lassen.

2 Die Zucchiniraspel auf einem Sieb abtropfen lassen, mit den Händen gut ausdrücken und in eine Schüssel geben. Die Frühlingszwiebeln putzen, waschen und in feine Ringe schneiden.

3 Die Kräuter waschen und trocken schütteln, die Blätter bzw. Spitzen abzupfen und fein hacken. Das Mehl mit den Eiern verrühren, mit der Hälfte der Kräuter (die restlichen

Kräuter für den Dip beiseitestellen) und den Frühlingszwiebeln unter die Zucchini mischen. Mit Salz und Pfeffer würzen.

4 In einer Pfanne reichlich Öl erhitzen. Von der Zucchinimasse mit einem Esslöffel kleine Portionen in die Pfanne setzen, flach streichen und portionsweise auf beiden Seiten goldbraun braten. Die fertigen Zucchinipuffer auf Küchenpapier abtropfen lassen.

5 Für den Dip den Feta fein zerdrücken und den Joghurt unterrühren. Mit Minze, Zitronenschale, Salz und Pfeffer würzen.

Türkische Pizza

mit Gemüse und Hackfleisch

ZUTATEN FÜR 4 PERSONEN

Für den Teig
½ Würfel Hefe (21 g)
450 g Mehl · Salz
Für den Belag
2 Fleischtomaten
4 Frühlingszwiebeln
2 grüne Peperoni
½ Bund Petersilie
250 g Lammhackfleisch
Paprikapulver (rosenscharf)
½ TL gemahlener Kreuzkümmel
Salz · Pfeffer aus der Mühle
2 rote Zwiebeln
4 EL Olivenöl

ZUBEREITUNG // ⏱ 30 min // ▦ 20 min // ⧗ 1 h

1 Für den Teig die Hefe zerbröckeln und in 200 ml lauwarmem Wasser auflösen. Das Mehl mit 1 TL Salz und der Hefemischung in eine Schüssel geben und mit den Knethaken des Handrührgeräts zu einem elastischen Teig verkneten. Den Teig zugedeckt an einem warmen Ort etwa 1 Stunde gehen lassen, bis er sein Volumen etwa verdoppelt hat.

2 Inzwischen für den Belag die Tomaten kreuzweise einritzen, überbrühen, häuten, vierteln und entkernen, das Fruchtfleisch in kleine Würfel schneiden. Die Frühlingszwiebeln putzen, waschen und schräg in Ringe schneiden. Die Peperoni längs halbieren, entkernen, waschen und in feine Streifen schneiden. Die Petersilie waschen und trocken schütteln, die Blätter abzupfen und fein hacken. Das Hackfleisch mit Peperoni, Petersilie, Paprikapulver und Kreuzkümmel mischen, die Hackmasse mit Salz und Pfeffer würzen. Die Zwiebeln schälen und in Spalten schneiden.

3 Den Backofen auf 220 °C vorheizen. Den Teig auf der bemehlten Arbeitsfläche nochmals durchkneten, in 4 Portionen teilen und diese zu länglichen Fladen formen, dabei einen Rand formen. Die Teigfladen auf ein mit Backpapier ausgelegtes Backblech legen. Die Hackfleischmischung auf den Fladen verteilen. Die Tomatenwürfel, Frühlingszwiebeln und Zwiebelspalten daraufgeben und jede Pizza mit 1 EL Olivenöl beträufeln. Die Teigränder nach innen klappen und die Pizzen im Ofen auf der mittleren Schiene 15 bis 20 Minuten backen.

TIPP   *Sie können die Teigfladen ganz nach Geschmack und Vorlieben belegen: Probieren Sie z.B. einmal einen vegetarischen Belag mit zerbröckeltem Schafskäse und Spinat- oder Mangoldblättern.*

FLEISCHGERICHTE

Hackfleischbällchen
mit Koriander und Tomatensauce

ZUTATEN FÜR 4 PERSONEN

Für die Sauce
1 kg vollreife Tomaten
3 kleine Zwiebeln
2 Knoblauchzehen
3 EL Olivenöl
je ½ TL gemahlener Piment,
Kreuzkümmel und Koriander
1 TL Paprikapulver (edelsüß)
1 TL getrockneter Thymian
1 EL Tomatenmark
1 EL gehackte Petersilie
Salz · Pfeffer aus der Mühle

Für die Hackbällchen
1 Brötchen (vom Vortag)
lauwarme Milch zum
Einweichen
2 EL Butter
500 g Rinderhackfleisch
1 TL Paprikapulver (edelsüß)
1 TL getrockneter Oregano
1 Ei
2 EL gehackte Petersilie
Salz · Pfeffer aus der Mühle
Butterschmalz zum Braten

ZUBEREITUNG // 🕐 45 min

1 Für die Sauce die Tomaten kreuzweise einritzen, überbrühen, häuten, vierteln und entkernen, das Fruchtfleisch in kleine Würfel schneiden. Die Zwiebeln und den Knoblauch schälen und in feine Würfel schneiden.

2 Das Olivenöl in einem Topf erhitzen, zwei Drittel der Zwiebeln und den Knoblauch darin andünsten. Piment, Kreuzkümmel, Koriander, 1 TL Paprikapulver, Thymian und Tomatenmark dazugeben und 2 bis 3 Minuten mitdünsten. Die Tomaten-würfel hinzufügen und unter gelegentlichem Rühren 30 Minu-ten zu einer dicklichen Sauce einköcheln lassen. 1 EL Petersilie unterrühren und die Sauce mit Salz und Pfeffer würzen.

3 Für die Hackfleischbällchen das Brötchen in etwas lauwarmer Milch einweichen. Die Butter in einer kleinen Pfanne erhitzen und die restlichen Zwiebelwürfel darin andünsten. Das Hack-fleisch mit dem Paprikapulver und dem Oregano in eine Schüs-sel geben. Das Brötchen ausdrücken und mit den Zwiebelwür-feln, dem Ei und der übrigen Petersilie unter das Hackfleisch mischen. Mit Salz und Pfeffer würzen.

4 Aus der Hackfleischmasse mit angefeuchteten Händen kleine Bällchen formen. Das Butterschmalz portionsweise in einer Pfanne erhitzen und die Bällchen darin rundum goldbraun braten. Die Hackfleischbällchen in der Tomatensauce kurz erwärmen und mit der Sauce auf Tellern anrichten. Nach Belie-ben mit saurer Sahne und grob gehackter Petersilie garnieren. Dazu passt Reis oder Fladenbrot.

TIPP *Hackfleischbällchen, wie die türkischen Köfte zum Beispiel, werden überall im Orient gerne gegessen und zumeist aus Lammhackfleisch zubereitet. Veganer oder Vegetarierer können diese Bällchen auch aus Soja-Hackgranulat zubereiten.*

Hackfleischspieße
mit Spinatsalat

ZUBEREITUNG // 🕐 45 min

1 Zwölf lange Holzspieße etwa 30 Minuten in kaltes Wasser legen. Für den Salat den Spinat verlesen, waschen und abtropfen lassen, grobe Stiele entfernen. Den Granatapfel halbieren. Die Kerne mit einem Löffel entfernen und den dabei austretenden Saft auffangen. Die Kerne von den Häutchen befreien, mit dem Saft, dem Joghurt und dem Olivenöl mischen. Das Dressing mit Salz, Pfeffer und Kreuzkümmel würzen.

2 Für die Spieße den Ingwer und die Zwiebel schälen und in feine Würfel schneiden. In einer Pfanne 2 EL Olivenöl erhitzen und die Zwie-belwürfel darin andünsten. Das Hackfleisch mit Zwiebel, Ingwer, Curry, Eigelb und Petersilie mischen und mit Salz und Pfeffer würzen.

3 Aus der Fleischmasse mit angefeuchteten Händen 12 längliche Nocken formen und diese auf die Holzspieße stecken. Die Spieße mit dem restlichen Olivenöl bestreichen und unter dem Backofengrill goldbraun braten.

4 Den Spinat mit dem Dressing mischen. Die Hackfleischspieße mit Limettensaft beträufeln und den Spinatsalat dazu servieren.

ZUTATEN FÜR 4 PERSONEN

Für den Salat

250 g junger Spinat

1 Granatapfel

100 g Naturjoghurt

3 EL Olivenöl

Salz · Pfeffer aus der Mühle

gemahlener Kreuzkümmel

Für die Spieße

1 haselnussgroßes Stück Ingwer

1 Zwiebel · 6 EL Olivenöl

600 g Lammhackfleisch

2 TL Currypulver

1 Eigelb

2 EL gehackte Petersilie

Salz · Pfeffer aus der Mühle

Saft von 1 Limette

ZUTATEN FÜR 4 PERSONEN

800 g Lammfleisch
(aus der Keule)
4 EL Olivenöl
1 EL Zitronensaft
1 EL getrockneter Thymian
Salz · Pfeffer aus der Mühle
16 Cocktailtomaten
4 Schalotten
4 große hellgrüne Peperoni
Öl für die Spieße
1 Zitrone

Lammspieße
mit Tomaten und Peperoni

ZUBEREITUNG // ⏱ 30 min // 💧 3 h

1 Das Fleisch in 2 bis 2 ½ cm große Würfel schneiden. Das Olivenöl mit dem Zitronensaft und dem Thymian zu einer Marinade verrühren, mit Salz und Pfeffer würzen. Das Fleisch in einer Schüssel mit der Marinade mischen und zugedeckt mindestens 3 Stunden ziehen lassen.

2 Die Tomaten waschen und trocken tupfen. Die Schalotten schälen und halbieren. Die Peperoni längs halbieren, entkernen, waschen und in etwa 3 cm lange Stücke schneiden.

3 Acht Schaschlikspieße mit Öl einreiben. Abwechselnd jeweils 4 Stücke Fleisch, 2 Tomaten, 1 Schalottenhälfte und 1 Peperonistück auf die Spieße stecken. Die Lammspieße auf dem Elektrogrill oder in der Grillpfanne 15 bis 20 Minuten grillen, dabei gelegentlich wenden.

4 Die Zitrone heiß waschen, trocken reiben und in schmale Spalten schneiden. Die Spieße mit den Zitronenspalten und nach Belieben mit Petersilienblättern garnieren. Dazu passen frisch aufgebackene Fladenbrote und Knoblauchjoghurt.

Lammspieße
auf Couscoussalat

ZUTATEN FÜR 4 PERSONEN

Für die Spieße

800 g Lammfleisch
(aus der Keule)
2 Knoblauchzehen
Saft von 1 Zitrone
100 ml Olivenöl
Salz · Pfeffer aus der Mühle

Für den Salat

¼ l Gemüsebrühe
1 Msp. gemahlener Kreuz-
kümmel
Salz · Pfeffer aus der Mühle
250 g Couscous
1 Schalotte
1 Handvoll Petersilie
2 Stiele Minze
1 rote Paprikaschote
Kerne von 1 Granatapfel
2–3 EL Olivenöl
1–2 EL Zitronensaft
4 EL Naturjoghurt zum Garnieren

ZUBEREITUNG // ⏱ 25 min // 💧 2 h

1 Für die Spieße das Fleisch waschen, trocken tupfen und in etwa 2 cm große Würfel schneiden. Auf Metallspieße stecken und die Spieße nebeneinander in eine flache ofenfeste Form legen.

2 Für die Marinade den Knoblauch schälen und in Scheiben schneiden. Mit dem Zitronensaft und dem Olivenöl verrühren und über die Spieße träufeln. Mit Frischhaltefolie abdecken und mindestens 2 Stunden kühl stellen.

3 Für den Salat die Brühe in einem Topf mit dem Kreuzkümmel, Salz und Pfeffer aufkochen lassen. Den Couscous in einer Schüssel mit der kochenden Brühe übergießen und 5 Minuten zugedeckt quellen lassen. Dann mit einer Gabel auflockern.

4 Die Spieße aus der Marinade nehmen, etwas abtropfen lassen und mit Salz und Pfeffer würzen. Die Lammspieße auf dem Holzkohlen- oder Elektrogrill 10 bis 12 Minuten grillen, bzw. in einer Grillpfanne braten, dabei gelegentlich wenden. Zwischendurch mit der Marinade bestreichen.

5 Für den Salat die Schalotte schälen und in feine Würfel schneiden. Petersilie und die Minze waschen, trocken schleudern, die Blätter abzupfen und fein hacken. Die Paprikaschote längs halbieren, entkernen, waschen und klein schneiden. Mit der Schalotte, den Kräutern, den Granatapfelkernen und dem Olivenöl unter den Couscous mischen.

6 Den Salat mit Zitronensaft, Salz und Pfeffer abschmecken und mit den Spießen auf Tellern anrichten. Jeweils 1 Klecks Joghurt daraufgeben und servieren.

TIPP   *Durch die Marinade wird das Lammfleisch wunderbar zart und behält beim Grillen seine Saftigkeit. Statt Petersilie können Sie für dieses Rezept nach Belieben auch frischen Koriander verwenden.*

Pastete
mit Lammhack und Feta

ZUTATEN FÜR 1 SPRING-FORM (28 CM Ø)

2 Zwiebeln
1 Knoblauchzehe
600 g Lammhackfleisch
Salz · Pfeffer aus der Mühle
2 EL Olivenöl
2 EL Tomatenmark
1 große Dose stückige Tomaten
(480 g Abtropfgewicht)
150 g Feta (Schafskäse)
4 Zweige Thymian
Cayennepfeffer
½ TL gemahlener Kreuzkümmel
4 EL Butter
5 EL Mehl · ½ l Milch
frisch geriebene Muskatnuss
3 EL zerlassene Butter für
die Form und die Teigblätter
6 Yufkateigblätter (siehe S. 17)
3 EL Rosinen
Sesamsamen zum Bestreuen

ZUBEREITUNG // 🕐 35 min // 🍴 1 h 35 min

1 Die Zwiebeln und den Knoblauch schälen und in feine Würfel schneiden. Das Lammhackfleisch mit Salz und Pfeffer würzen. Das Olivenöl in einem großen Topf erhitzen und das Hackfleisch darin krümelig braten. Zwiebeln, Knoblauch und Tomatenmark hinzufügen und 6 bis 8 Minuten mitbraten. Die Tomaten samt Saft dazugeben. Die Sauce aufkochen und bei mittlerer Hitze etwa 1 Stunde offen köcheln lassen. Dabei nach und nach insgesamt 700 ml Wasser dazugießen und jeweils fast vollständig einköcheln lassen.

2 Den Feta zerbröckeln. Den Thymian waschen und trocken schütteln, die Blättchen abzupfen und fein hacken. Die Hackfleischsauce mit Salz, Pfeffer, Cayennepfeffer, Kreuzkümmel und Thymian abschmecken und etwas abkühlen lassen.

3 Die Butter in einem Topf erhitzen und das Mehl darin unter Rühren anschwitzen. Nach und nach die Milch unter Rühren dazugießen. Die Béchamelsauce mit Salz, Pfeffer und Muskatnuss würzen und etwa 5 Minuten bei schwacher Hitze einköcheln lassen.

4 Den Backofen auf 200 °C vorheizen. Die Springform mit etwas flüssiger Butter einfetten und die Teigblätter auf einer Seite mit Butter bestreichen. 3 Teigblätter als Boden so überlappend in die Form legen, dass an den Rändern etwas Teig übersteht. Je ein Drittel der Hackfleisch- und der Béchamelsauce darauf verteilen. Jeweils ein Drittel der Rosinen und des Schafskäses darüberstreuen und mit einem Teigblatt bedecken. Diesen Vorgang zweimal wiederholen. Die Teigränder nach innen klappen und die Pastete damit verschließen. Den Teigdeckel mit der restlichen Butter bestreichen und mit Sesamsamen bestreuen.

5 Die Pastete im Ofen auf der mittleren Schiene etwa 20 Minuten goldbraun backen. Herausnehmen und vor dem Aufschneiden mindestens 5 Minuten ruhen lassen.

Lammkoteletts
mit Würzbutter

ZUBEREITUNG // ⏱ 35 min

1 Die Lammkoteletts waschen und trocken tupfen, die Knochen säubern. Das Fleisch mit Salz und Pfeffer würzen.

2 Den Ingwer schälen und fein reiben. Die Kardamomkapseln aufbrechen und die Samen mit Piment und Chilischoten im Mörser zerstoßen. Mit Zimt und Muskatnuss mischen.

3 Das Butterschmalz mit dem Walnussöl in einer kleinen Pfanne erhitzen. Den Knoblauch schälen, in feine Würfel schneiden und dazugeben.

4 Die Würzmischung untermischen und aufschäumen lassen. Die Petersilie und die Minze

dazugeben und die Würzbutter etwas abkühlen lassen.

5 Die Lammkoteletts auf beiden Seiten mit etwas Würzbutter bestreichen. Auf dem Grill oder unter dem Backofengrill auf jeder Seite 3 bis 4 Minuten braten, bis sie gut gebräunt, innen aber noch rosa sind.

6 Die restliche Würzbutter noch einmal zerlassen. Die Lammkoteletts nach Belieben mit Reis und Zitronenspalten anrichten und mit der Würzbutter beträufeln.

ZUTATEN FÜR 4 PERSONEN

12 halbe Lammkoteletts (möglichst mit langen Rippenknochen)

Salz · Pfeffer aus der Mühle

1 haselnussgroßes Stück Ingwer

2 grüne Kardamomkapseln

½ TL Pimentkörner

2 getrocknete rote Chilischoten

½ TL Zimtpulver

frisch geriebene Muskatnuss

je 3 EL Butterschmalz
und Walnussöl

2 Knoblauchzehen

2 EL gehackte Petersilie

1 EL gehackte Minze

ZUTATEN FÜR 4 PERSONEN

1 Aubergine · Salz
2 rote Paprikaschoten
2 Zucchini
1 Zwiebel
ca. 100 ml Olivenöl
Pfeffer aus der Mühle
Zucker
2 Knoblauchzehen
2 TL Thymianblättchen
2 TL gehackte Salbeiblätter
1 TL gehackter Rosmarin
8 Lammkoteletts (à ca. 80 g)

Lammkoteletts
mit Gemüse und Salbei

ZUBEREITUNG // 🕐 30 min

1 Die Aubergine putzen, waschen und in kleine Würfel schneiden. 3 EL Salz in 1 l kaltem Wasser auflösen. Die Auberginenwürfel mit dem Salzwasser übergießen und unter gelegentlichem Rühren 10 Minuten ziehen lassen.

2 Inzwischen die Paprikaschoten längs halbieren, entkernen, waschen und in Würfel schneiden. Die Zucchini putzen, waschen und in Scheiben schneiden. Die Zwiebel schälen und in Spalten schneiden. Auberginenwürfel mit den Händen ausdrücken und mit Küchenpapier trocken tupfen.

3 In einer Pfanne 3 EL Olivenöl erhitzen und die Auberginenwürfel darin anbraten. Zwiebel, Paprika und Zucchini 5 Minuten mitbraten, mit Salz, Pfeffer und 1 Prise Zucker würzen.

4 Den Knoblauch schälen und mit 1 TL Salz im Mörser fein zerreiben. Die Kräuter und 4 EL Olivenöl dazugeben und alles gut verrühren. Die Lammkoteletts waschen und trocken tupfen, mit Salz und Pfeffer würzen und mit Olivenöl beträufeln. In der Pfanne auf jeder Seite 1 bis 2 Minuten braten. Die Koteletts mit dem Knoblauch-Kräuter-Öl bestreichen und mit dem Gemüse anrichten.

Fladenbrote
nach Döner-Art

ZUTATEN FÜR 4 PERSONEN

2 Knoblauchzehen

2 EL Olivenöl

1 TL getrockneter Thymian

1 TL getrockneter Rosmarin

¼ TL gemahlener Koriander

Salz · Pfeffer aus der Mühle

400 g Lammfleisch

(aus der Keule)

½ Salatgurke

300 g griechischer Joghurt

1 EL Zitronensaft

Pfeffer aus der Mühle

2 Tomaten · 1 Zwiebel

8 Salatblätter

(z. B. Lollo biondo)

4 kleine Fladenbrote

4 milde eingelegte Peperoni

3 EL schwarze Oliven

(ohne Stein)

ZUBEREITUNG // ⏱ 35 min // 💧 1 h

1 Für die Marinade 1 Knoblauchzehe schälen und in feine Würfel schneiden. Das Olivenöl mit dem Knoblauch, den Kräutern und dem Koriander verrühren, mit Salz und Pfeffer würzen. Das Lammfleisch in schmale Streifen schneiden, in einer Schüssel mit der Marinade mischen und zugedeckt etwa 1 Stunde ziehen lassen.

2 Für den Joghurtdip die Gurke schälen und längs halbieren, mit einem Löffel die Kerne entfernen. Die Gurkenhälften auf der Gemüsereibe fein raspeln, mit etwas Salz bestreuen und etwa 15 Minuten ziehen lassen. Die restliche Knoblauchzehe schälen und in feine Würfel schneiden. Den Joghurt mit Koblauch und Zitronensaft verrühren. Die Gurkenraspel in einem Sieb gut ausdrücken und untermischen. Mit Salz und Pfeffer würzen.

3 Den Backofen auf 200 °C vorheizen. Die Tomaten waschen und in Scheiben schneiden, dabei die Stielansätze entfernen. Die Zwiebel schälen und in feine Ringe schneiden. Die Salatblätter waschen, trocken schleudern und in Stücke zupfen.

4 Die Fladenbrote im Ofen auf der mittleren Schiene etwa 5 Minuten knusprig backen. Das Fleisch in einer Pfanne bei starker Hitze anbraten und bei mittlerer Hitze unter Rühren weiterbraten, bis es gar ist.

5 Von den Peperonischoten die Stiele entfernen. Die Fladenbrote aufschneiden. Die unteren Hälften mit den Salatblättern, Fleisch, Tomatenscheiben, Zwiebelringen, Oliven und jeweils 1 Peperoni belegen. Die oberen Brothälften darüberklappen und die Fladenbrote mit dem Dip servieren.

Mein Lieblingsrezept für...
ein Fleischgericht

LAMM-TAJINE MIT TROCKENFRÜCHTEN

🕐 1 h 30 min // Für 4 Personen

1 600 g Lammfleisch (aus der Schulter) waschen, trocken tupfen und in 3 cm große Würfel schneiden. In einem Schmortopf in 2 EL Öl rundum anbraten und mit Salz, Pfeffer aus der Mühle, ½ TL Kreuzkümmelpulver und 1 Prise gemahlenem Kardamom würzen.

2 1 Zimtstange, 2 Sternanis, 1 Msp. Safranpulver und 1 Lorbeerblatt dazugeben. 1 Knoblauchzehe schälen und dazupressen. 700 ml Lammfond angießen und das Fleisch bei schwacher Hitze und halb geöffnetem Deckel 1 Stunde 20 Minuten schmoren.

3 Je 300 g festkochende Kartoffeln und Möhren schälen und längs in Stücke schneiden. 100 g frische oder getrocknete Datteln längs halbieren und entsteinen. 100 g getrocknete Aprikosen grob in Stücke schneiden. 2 Chilischoten längs halbieren, entkernen, waschen und grob in Stücke schneiden. Alles nach 30 Minuten zum Fleisch geben und bei halb aufgelegtem Deckel fertig schmoren.

4 Die Lamm-Tajine abschmecken und mit 2 EL gehackter Petersilie bestreuen. Auf Teller verteilen und Fladenbrot dazu servieren.

Lammbällchen
mit Reis und Sauerkirschen

ZUTATEN FÜR 4 PERSONEN

Salz

3 Kardamomkapseln

½ Zimtstange

250 g Langkornreis

1 Msp. Safranfäden

2 EL Orangenblütenwasser

400 g Lammhackfleisch

1 Knoblauchzehe

1 Eigelb

Pfeffer aus der Mühle

½ TL gemahlener Kreuzkümmel

2 EL Öl

1 EL Honig

3 EL Pistazienkerne

3 EL blanchierte Mandeln

75 g getrocknete Sauerkirschen

ZUBEREITUNG // ⏱ 40 min

1 In einem Topf etwa ½ l Salzwasser mit dem angedrückten Kardamom und der Zimtstange zum Kochen bringen. Den Reis darin zugedeckt bei schwacher Hitze etwa 20 Minuten garen.

2 Den Safran im Orangenblütenwasser einweichen. Das Lammhackfleisch in eine Schüssel geben, den Knoblauch schälen und dazupressen. Das Eigelb hinzufügen, mit Salz, Pfeffer und Kreuzkümmel würzen und alles gut verkneten.

3 Aus der Hackfleischmasse mit angefeuchteten Händen kleine Bällchen formen und in einer Pfanne im heißen Öl bei mittlerer Hitze rundum etwa 7 Minuten goldbraun braten. Mit dem Honig beträufeln und leicht karamellisieren lassen.

4 Die Pistazien und die Mandeln hacken. Den Safran mit den Sauerkirschen zum Reis gießen, leicht untermischen und abschmecken, dabei Kardamom und Zimt wieder entfernen. Den Reis auf Tellern anrichten, die Lammbällchen darübergeben und mit den Pistazien und den Mandeln bestreut servieren.

TIPP *Die Verwendung von Duftreis und süßsauren (getrockneten) Früchten wie Berberitzen, Limetten, Sauerkirschen und Pflaumen ist typisch für die persische Küche. Die Geschmacksharmonie und das stilvolle Anrichten hat dabei einen sehr hohen Stellenwert. Ihren Reis kochen die Perser bevorzugt in einem Reiskocher nach der Quellmethode. Dabei dürfen weder ein Stückchen Butter noch einige Safranfäden fehlen.*

Afghanisches Lammcurry
mit Spinat und Mandeln

ZUBEREITUNG // 🕐 25 min // 🍳 45 min

1 Das Fleisch waschen, trocken tupfen, in Würfel schneiden und beiseitestellen. Die Zwiebeln und den Knoblauch schälen und in kleine Würfel schneiden. Den Ingwer schälen und in feine Stifte schneiden. Die Mandeln in einer Pfanne ohne Fett duftend rösten.

2 Die Chilischoten mit dem Kreuzkümmel, dem Koriander, den Senfkörnern und den Pfefferkörnern im Mörser zu einem Gewürzpulver zerreiben.

3 Das Butterschmalz in einem Schmortopf erhitzen und das Fleisch darin rundum anbra-

ten. Die Zwiebeln, den Knoblauch und den Ingwer hinzufügen und kurz mitbraten. Das Gewürzpulver und das Sumach hinzufügen und das Fleisch mit Salz würzen. Mit der Brühe ablöschen und bei schwacher Hitze zugedeckt etwa 30 Minuten garen. Den Deckel entfernen und weitere 15 Minuten garen, bis das Fleisch zart und die Sauce sämig ist.

4 Den Spinat verlesen und waschen, grobe Stiele entfernen. Die Blätter zum Curry geben und kurz mitgaren. Das Lammcurry abschmecken und mit den Mandeln bestreuen. Mit Fladenbrot oder Reis servieren.

ZUTATEN FÜR 4 PERSONEN

800 g Lammfleisch (z. B. aus der Keule; oder Nacken)

2 Zwiebeln · 5 Knoblauchzehen

1 walnussgroßes Stück Ingwer

3 EL Mandelstifte

2 getrocknete rote Chilischoten

1 TL ganzer Kreuzkümmel

1 TL Korianderkörner

1 TL Senfkörner

5–6 schwarze Pfefferkörner

3 EL Butterschmalz

½ TL Sumach (siehe S. 15)

Salz

600 ml Fleischbrühe

2 Handvoll Blattspinat

ZUTATEN FÜR 4 PERSONEN

2 Zwiebeln · 2 Möhren

2 Stangen Staudensellerie

800 g mageres Rindfleisch

(Suppenfleisch) · Salz

1 TL schwarze Pfefferkörner

1 Sternanis

200 g Langkornreis

6 EL Öl

1 ägyptisches Fladenbrot

(vom Vortag, z. B. Aisch Baladi)

2 Knoblauchzehen

2 EL Tomatenmark

3–4 EL Weinessig

Pfeffer aus der Mühle

Fatta
Reis mit Fleisch und roter Sauce

ZUBEREITUNG // ⏱ 35 min // ▦ 2 h

1 Zwiebeln und Möhren schälen und in kleine Würfel schneiden. Sellerie putzen, waschen und in Scheiben schneiden. Das Fleisch waschen und in 2 l Salzwasser mit den Gewürzen etwa 1½ Stunden bei schwacher Hitze garen. Das Fleisch herausnehmen und die Brühe durch ein feines Sieb gießen.

2 Den Reis waschen und gut abtropfen lassen. In einem Topf in 2 EL Öl leicht anrösten, mit 400 ml Fleischbrühe bedecken und zugedeckt etwa 20 Minuten garen. Das Brot in Stücke brechen, in einer Schüssel mit etwa 200 ml Fleischbrühe übergießen und ziehen lassen.

3 Für die Sauce den Knoblauch schälen, in feine Würfel schneiden und in 2 EL Öl goldbraun anbraten. Das Tomatenmark unterrühren, kurz anrösten und mit dem Essig ablöschen. Etwa 200 ml Brühe hinzufügen, sämig einkochen lassen und mit Salz und Pfeffer abschmecken.

4 Das Fleisch in große Würfel schneiden, im restlichen Öl rundum goldbraun braten und mit Salz und Pfeffer würzen. Das Brot locker unter den Reis mischen und in eine Schüssel füllen. Das Fleisch darauf anrichten und die Sauce darübergießen.

Hähnchencurry
mit Aprikosen und Nüssen

ZUTATEN FÜR 4 PERSONEN

60 g Pistazienkerne
4 EL gemahlene Mandeln
4 Zwiebeln
2 Knoblauchzehen
1 walnussgroßes Stück Ingwer
1 grüne Chilischote
2 EL Butterschmalz
2–3 TL Currypulver
Salz
100 ml Kokosmilch
600 g Hähnchenbrustfilet
80 g getrocknete Aprikosen
Saft von ½ Limette
Pfeffer aus der Mühle
2–3 EL Sultaninen
Korianderblätter zum Garnieren

ZUBEREITUNG // 🕐 30 min // 🍳 25 min

1 Von den Pistazien 2 bis 3 EL beiseitestellen, die restlichen im Blitzhacker fein zerkleinern. Mit den Mandeln mischen, mit 200 ml kochendem Wasser übergießen und etwa 10 Minuten quellen lassen.

2 Die Zwiebeln, den Knoblauch und Ingwer schälen und in feine Würfel schneiden. Die Chilischote längs halbieren, nach Belieben entkernen, waschen und in feine Würfel schneiden.

3 Das Butterschmalz in einem Topf erhitzen und die Zwiebeln mit dem Ingwer darin andünsten. Den Knoblauch und die Chilischote dazugeben, mit Currypulver bestäuben und kurz mitdünsten. Die eingeweichten Nüsse samt Flüssigkeit, 1 Prise Salz und die Kokosmilch hinzufügen und alles offen etwa 10 Minuten bei schwacher Hitze köcheln lassen.

4 Das Fleisch waschen, trocken tupfen und in Würfel schneiden. Die Aprikosen halbieren. Die Zwiebelmischung im Topf mit dem Stabmixer fein pürieren. Das Fleisch und die Aprikosen dazugeben und etwa 15 Minuten sanft köcheln lassen. Falls nötig noch Flüssigkeit nachgießen, das Fleisch sollte komplett mit Sauce bedeckt sein.

5 Das Hähnchencurry mit Limettensaft, Salz und Pfeffer abschmecken und in Schälchen füllen. Mit den übrigen Pistazien, Sultaninen und den Korianderblättern bestreuen. Dazu passt am besten Basmatireis.

Chermoula-Hähnchen
mit Paprika und Auberginen

ZUTATEN FÜR 4 PERSONEN

1 Zwiebel

4 Knoblauchzehen

125 ml Olivenöl

6 EL Zitronensaft

1 TL Paprikapulver (edelsüß)

1 TL gemahlener Kreuzkümmel

Salz · Pfeffer aus der Mühle

4 Hähnchenbrustfilets

1 kleine Aubergine
(ca. 200 g)

je 2 kleine rote und gelbe
Paprikaschoten

2 Lorbeerblätter

200 g grüne Bohnen

1 EL Butter

ZUBEREITUNG // ⏱ 20 min // 💧 30 min // ▦ 25 min

1 Für die Chermoula-Marinade die Zwiebel und den Knoblauch schälen. Die Zwiebel fein reiben, den Knoblauch in Scheiben schneiden. Beides mit Olivenöl, Zitronensaft, Paprikapulver und Kreuzkümmel verrühren und mit Salz und Pfeffer würzen. Das Hähnchenfleisch waschen, trocken tupfen und mit der Hälfte der Marinade mischen. Etwa 30 Minuten ziehen lassen.

2 Die Aubergine putzen, waschen und längs in dünne Scheiben schneiden. Die Paprikaschoten längs vierteln, entkernen und waschen. Das Gemüse mit der restlichen Marinade und den halbierten Lorbeerblättern mischen und ebenfalls etwa 30 Minuten ziehen lassen.

3 Den Backofen auf 200 °C vorheizen. Das Hähnchenfleisch und das Gemüse auf ein Backblech legen und im Backofen auf der mittleren Schiene etwa 25 Minuten garen.

4 Die Bohnen putzen, waschen und in kochendem Salzwasser bissfest garen. In ein Sieb abgießen, kalt abschrecken und abtropfen lassen. Kurz vor dem Servieren die Butter in einer Pfanne zerlassen, die Bohnen darin schwenken und erwärmen. Mit Salz und Pfeffer würzen. Die Hähnchenbrustfilets mit dem Gemüse in Schälchen oder auf Tellern anrichten.

TIPP *Mit Koriander wird die Chermoula-Marinade noch kräftiger im Geschmack: Dafür 1 Bund Koriander waschen und trocken schütteln, die Blätter von den Stielen zupfen, fein hacken und untermischen.*

Hähnchen-Tajine
mit Couscous

ZUTATEN FÜR 4 PERSONEN

1 Hähnchen (ca. 1,2 kg)

Salz · Pfeffer aus der Mühle

1 Bio-Zitrone

4 Schalotten

4 Knoblauchzehen

1 walnussgroßes Stück Ingwer

250 g grüne Bohnen

2 Zucchini · 2 Möhren

2 EL Olivenöl

ca. 300 ml Hühnerbrühe

8–10 getrocknete Datteln
(ohne Stein)

80 g schwarze Oliven
(ohne Stein)

2 TL Honig

1 TL Ras-es-Hanout (siehe S. 15)

150 g weißer Couscous

ZUBEREITUNG // 🕐 25 min // 🍳 40 min

1 Das Hähnchen waschen und trocken tupfen. In 8 Teile zerlegen und mit Salz und Pfeffer einreiben. Die Zitrone heiß waschen, trocken tupfen und die Schale mit einem Zestenreißer in feinen Streifen abziehen. Die Zitrone halbieren und den Saft auspressen. Die Schalotten, den Knoblauch und den Ingwer schälen und in feine Würfel schneiden. Die Bohnen putzen, waschen und halbieren. Die Zucchini putzen, waschen und in Würfel schneiden, die Möhren putzen, schälen und ebenfalls in Würfel schneiden.

2 Das Olivenöl in einer Tajine oder in einem Schmortopf erhitzen, die Schalotten, den Knoblauch und den Ingwer darin andünsten. Die Hähnchenteile dazugeben, den Zitronensaft und die Brühe angießen. Aufkochen, dann die Hitze reduzieren und das Hähnchen zugedeckt 35 bis 40 Minuten bei schwacher Hitze köcheln lassen.

3 Die Datteln in kleine Würfel schneiden und mit den Zitronenzesten mischen. 15 Minuten vor Garzeitende zusammen mit den Oliven und dem Gemüse unter die Tajine mischen.

4 Die Hähnchen-Tajine mit Honig, Ras-el-Hanout, Salz und Pfeffer abschmecken. Den Couscous nach Packungsanleitung zubereiten und zusammen mit der Tajine servieren. Nach Belieben mit Zitronenspalten und Minztee (siehe S. 25) servieren.

TIPP *Weißer Couscous hat ein feines, butterähnliches Aroma, das Gewürze besonders gut aufnimmt. Er eignet sich idealerweise für Beilagen oder Salate und kann durch Duft- oder Basmatireis ersetzt werden.*

FISCHGERICHTE

Fisch-Tajine
aus Marokko

ZUTATEN FÜR 4 PERSONEN

2 Knoblauchzehen
1 Chilischote
½ Bund Koriander
1 TL Salz
1 TL ganzer Kreuzkümmel
6 EL Olivenöl
Saft von ½ Zitrone
600 g weißes Fischfilet
(z.B. Kabeljau, Rotbarsch
oder Schellfisch)
½ Salzzitrone (siehe S. 25)
1 Zwiebel
2 Möhren
1 Zucchini
je 1 rote und gelbe
Paprikaschote
250 g Süßkartoffeln
ca. 300 ml Fischfond
(aus dem Glas)
Pfeffer aus der Mühle

ZUBEREITUNG // ⏱ 45 min // 💧 2 h // 🍳 30 min

1 Den Knoblauch schälen und grob hacken. Die Chilischote längs halbieren, entkernen, waschen und grob hacken. Koriander waschen, trocken schütteln, die Blätter abzupfen und grob hacken. Knoblauch, Chili und Koriander mit dem Salz, Kreuzkümmel, 3 EL Olivenöl und Zitronensaft im Mörser zu einer Paste zerreiben. Etwa 1 TL der Paste abnehmen und beiseitestellen.

2 Den Fisch waschen und in mundgerechte Stücke schneiden. Die Fischstücke mit der übrigen Kräuterpaste einreiben und zugedeckt etwa 2 Stunden kühl stellen.

3 In der Zwischenzeit die Salzzitrone in feine Würfel schneiden. Die Zwiebel und die Möhren schälen, die Zwiebel in feine Würfel, die Möhren in Stücke schneiden. Die Zucchini putzen, waschen, halbieren und in etwa 1 cm dicke Scheiben schneiden. Die Paprikaschoten längs halbieren, entkernen, waschen und klein schneiden. Die Süßkartoffeln schälen und das Fruchtfleisch in Würfel schneiden.

4 Das übrige Olivenöl in einer Tajine erhitzen und darin die Zwiebeln, Möhren und Süßkartoffeln etwa 5 Minuten andünsten. Die Zitronenwürfel und die übrige Paste dazugeben, den Fond angießen und bei mittlerer Hitze 15 bis 20 Minuten köcheln lassen.

5 Die Paprika, die Zucchini und den Fisch hinzufügen und weitere 5 bis 7 Minuten garen. Die Fisch-Tajine mit Salz und Pfeffer abschmecken und servieren.

TIPP *Die klassischen Tajines aus Keramik haben einen unregelmäßigen Boden und sind nicht für Ceranfelder geeignet. Mittlerweile gibt es aber auch welche mit glatten Böden, beim Einkauf bitte darauf achten. Für dieses klassische Eintopfgericht können Sie jeden größeren Topf mit Deckel verwenden.*

Marokkanischer Gewürzreis

mit Muscheln und Tomaten

ZUBEREITUNG // 🕐 1 h

1 Die Schalotten und den Knoblauch schälen und in feine Würfel schneiden. Die Tomaten kreuzweise einritzen, überbrühen, häuten, vierteln und entkernen. Das Fruchtfleisch in kleine Würfel schneiden. Die Bohnen putzen und waschen.

2 Die Muscheln unter fließendem kaltem Wasser gründlich säubern, geöffnete Exemplare entfernen. Den Reis in einem Sieb unter fließendem kaltem Wasser abbrausen, bis das Wasser klar abläuft, und abtropfen lassen.

3 Die ganzen Gewürze im Mörser fein zerstoßen. Das Olivenöl in einem großen Topf erhitzen. Schalotten-, Knoblauchwürfel sowie alle Gewürze darin andünsten. Die Tomaten dazugeben und einige Minuten mitdünsten.

4 Die Brühe angießen, den Reis hinzufügen, aufkochen und bei schwacher Hitze etwa 5 Minuten garen. Die Muscheln und die Bohnen dazugeben und alles weitere 15 Minuten köcheln lassen. Den Topf vom Herd nehmen und den Reis noch etwa 10 Minuten nachquellen lassen. Mit Salz und Pfeffer abschmecken und die Kräuter untermischen.

ZUTATEN FÜR 4 PERSONEN

3 Schalotten · 2 Knoblauchzehen

250 g Tomaten · 200 g grüne Bohnen

500 g Miesmuscheln

160 g Basmatireis

5 Koriandersamen

2 Gewürznelken

3 Pimentkörner

2 grüne Kardamomkapseln

⅓ Zimtstange

je ½ TL Kurkuma-, Paprikapulver (edelsüß) und frisch geriebene Muskatnuss

3 EL Olivenöl

350 ml Gemüsebrühe

Salz · Pfeffer aus der Mühle

je 1 EL gehackter Koriander und gehackte Petersilie

ZUTATEN FÜR 4 PERSONEN

2 große Wolfsbarsche
(à ca. 600 g; küchenfertig)
Salz · 2 Knoblauchzehen
6 EL Olivenöl
1 grüne Paprikaschote
3 Schalotten
50 g gehackte Walnusskerne
½ Granatapfel
1 TL gehackte Petersilie
Pfeffer aus der Mühle
Fett für das Backblech

Wolfsbarsch
mit Walnussfüllung

ZUBEREITUNG // ● 25 min // ▦ 30 min

1 Die Fische innen und außen waschen, trocken
tupfen und außen auf beiden Seiten längs bis
auf die Gräten einschneiden. Innen und außen
mit Salz würzen. Den Knoblauch schälen, in
feine Würfel schneiden und mit dem Olivenöl
mischen. Die Fische mit der Hälfte des Knob-
lauchöls bestreichen.

2 Die Paprikaschote längs halbieren, entkernen,
waschen und in kleine Würfel schneiden. Die
Schalotten schälen, in feine Würfel schneiden
und in etwas Knoblauchöl andünsten. Die Paprika und die Walnüsse dazugeben und 3 Minuten mitdünsten.

3 Aus dem Granatapfel die Kerne mit einem
Löffel entfernen, von den Häutchen befreien
und mit der Petersilie zur Nussmischung geben. Mit Salz und Pfeffer würzen.

4 Den Backofen auf 220 °C vorheizen. Die
Wolfsbarsche mit der Nussmischung füllen
und mit Holzspießchen verschließen.

5 Ein tiefes Backblech einfetten und die Fische
darauflegen. Im Ofen etwa 30 Minuten garen, dabei mit dem restlichen Knoblauchöl
bestreichen. Nach Belieben mit dem Sesamdip
von S. 28 servieren.

Dorade
mit Ofentomaten

2 große Doraden
(insgesamt ca. 1 kg;
küchenfertig)
Salz · Pfeffer aus der Mühle
1 Bund Petersilie
3 Tomaten
1 ½ Bio-Zitronen
Butter für die Form
4 Lorbeerblätter
4 EL Olivenöl

ZUBEREITUNG // ⏱ 20 min // 🎛 30 min

1 Den Backofen auf 220 °C vorheizen. Die Fische unter fließendem kaltem Wasser waschen und trocken tupfen. Die Haut mit einem scharfen Messer auf beiden Seiten jeweils zweimal einschneiden. Die Fische innen und außen mit Salz und Pfeffer würzen. Die Petersilie waschen und trocken schütteln, jeweils 1 Stiel in die Bauchhöhlen der Fische legen. Von der restlichen Petersilie die Blätter abzupfen und fein hacken.

2 Die Tomaten kreuzweise einritzen, überbrühen, häuten und in Scheiben schneiden. Die Zitronen heiß waschen, trocken reiben und ebenfalls in Scheiben schneiden.

3 Eine große flache ofenfeste Form mit Butter einfetten und die Fische hineinlegen. Die Tomaten- und Zitronenscheiben abwechselnd in einer Reihe auf die Fische legen und die Lorbeerblätter dazwischenstecken. Die Fische mit der restlichen Petersilie bestreuen und mit dem Olivenöl beträufeln.

4 Die Form mit Alufolie verschließen und die Fische im Ofen auf der mittleren Schiene 20 Minuten garen. Dann die Temperatur auf 180 °C reduzieren, die Folie entfernen und die Fische weitere 10 Minuten garen. Die Brassen nach Belieben mit Ofenkartoffeln und Knoblauch servieren.

TIPP   *Auf diese Art können Sie auch Wolfsbarsche zubereiten. Doch Vorsicht:*
Weil die Fische unterschiedlich groß sind, können sich die Garzeiten etwas unterscheiden.

Goldbrasse
in Mandelkruste

ZUBEREITUNG // ⏱ 35 min // ▦ 35 min

1 Kartoffeln schälen, waschen und mit dem Safran in Salzwasser etwa 15 Minuten vorkochen. Die Fische unter fließendem kaltem Wasser innen und außen waschen, trocken tupfen und mit Zitronensaft, Salz und Pfeffer würzen. Den Koriander waschen, trocken schütteln und die Fische damit füllen. Ein tiefes Backblech einfetten und die Fische darauflegen.

2 Die Safrankartoffeln abgießen und in 2 EL heißem Olivenöl schwenken. Um die Fische herum auf dem Backblech verteilen.

3 Den Backofen auf 200 °C vorheizen. Die Mandeln mit Zucker, Zimt und Rosenwasser in einer Schüssel vermischen. Den Knoblauch schälen und in kleine Würfel schneiden, mit dem restlichen Olivenöl und dem Ei untermischen. Etwas kaltes Wasser dazugeben, bis die Mandelmasse streichfähig ist.

4 Die Mandelpaste auf den Fischen verteilen, dabei Köpfe und Schwänze aussparen. Die Fische im Ofen auf der mittleren Schiene 25 bis 35 Minuten backen, bis die Kruste leicht gebräunt ist. Die Goldbrassen mit den Safrankartoffeln auf Tellern anrichten.

ZUTATEN FÜR 4 PERSONEN

750 g kleine festkochende Kartoffeln

¼ TL Safranpulver · Salz

4 kleine Goldbrassen (à ca. 350 g; küchenfertig)

2 EL Zitronensaft

Pfeffer aus der Mühle

1 Bund Koriander

Öl für das Backblech

4 EL Olivenöl

150 g gemahlene Mandeln

3 EL Zucker · 2 TL Zimtpulver

3 EL Rosenwasser

1 Knoblauchzehe · 1 Ei

1 Knoblauchzehe

Saft von 2 Limetten

80 ml Olivenöl

2 EL Sesamöl

1 EL gehackter Thymian

½ TL Baharat (scharfe
arabische Gewürzmischung; siehe S. 15)

Salz · Pfeffer aus der Mühle

800 g Lachsfilet (ohne Haut)

je 5–6 EL weiße und schwarze
Sesamsamen

Marinierter Lachs
im Sesammantel

ZUBEREITUNG // ⏱ 35 min // ⏳ 3 h

1 Den Knoblauch schälen und in feine Würfel
schneiden. Mit dem Limettensaft, dem Oli-
ven- und Sesamöl, dem Thymian und Baharat
verrühren. Die Marinade mit Salz und Pfeffer
würzen. Das Lachsfilet waschen, trocken
tupfen und mit der Marinade bestreichen.
Zugedeckt im Kühlschrank 2 bis 3 Stunden
ziehen lassen.

2 Den Backofen auf 200°C vorheizen. Die
beiden Sesamsorten auf einem flachen Teller
mischen. Das Lachsfilet etwas trocken tupfen,
in Portionsstücke schneiden und im Sesam
wenden.

3 Die Lachsstücke in eine Auflaufform setzen
und im Ofen auf der mittleren Schiene etwa
20 Minuten garen. Nach Belieben mit Zitronenspalten anrichten. Dazu schmeckt Fladenbrot und ein Salat.

Mein Lieblingsrezept für...
ein Fischgericht

SEEHECHT MIT TOMATEN UND SALZZITRONEN

🕒 50 min // Für 4 Personen

1. 1,5 kg Tomaten überbrühen, häuten und grob in Würfel schneiden. 1 Gemüsezwiebel schälen und in feine Würfel schneiden, 2 Knoblauchzehen schälen und in feine Scheiben schneiden. 2 TL Fenchelsamen im Mörser leicht andrücken. 2 Salzzitronen (siehe S. 25) in kleine Würfel schneiden, die Kerne entfernen.

2. In einem Topf 4 EL Olivenöl erhitzen und die Fenchelsamen darin bei mittlerer Hitze kurz rösten. Zwiebeln und Knoblauch dazugeben und etwa 3 Minuten andünsten. Die Tomaten, die Salzzitronen und 4 EL schwarze Oliven (ohne Stein) dazugeben, mit Salz und Pfeffer würzen und 10 Minuten bei schwacher Hitze offen kochen. 300 ml Fisch- oder Gemüsefond angießen und weitere 15 Minuten bei schwacher Hitze garen. Die Sauce mit Salz, Pfeffer, Safran- und Paprikapulver abschmecken.

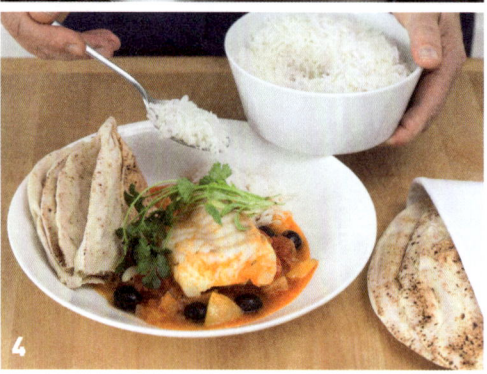

3. 600 g Seehechtfilet waschen, trocken tupfen und in 4 gleich große Stücke schneiden. Mit Salz und Pfeffer würzen, in die Tomatensauce legen und darin bei mittlerer Hitze 5 bis 7 Minuten ziehen lassen. 1 Bund Koriander waschen, trocken schütteln und die Blätter abzupfen.

4. Die Fischstücke mit der Tomatensauce auf Tellern anrichten und mit dem Koriander bestreuen. Dazu passt Couscous, Fladenbrot oder Reis.

Gefüllte Sardinen

mit Paprika und Zwiebel

ZUTATEN FÜR 4 PERSONEN

16 kleine Sardinen
(küchenfertig; siehe Tipp)
Saft von ½ Zitrone
Salz · Pfeffer aus der Mühle
1 Zwiebel
1 hellgrüne Spitzpaprikaschote
3 Stiele Petersilie
100 g Maismehl
je ½ TL gemahlener Kreuz-
kümmel und Paprika-
pulver (edelsüß)
2 Eier
Öl zum Frittieren

ZUBEREITUNG // 🕐 35 min

1 Die Sardinen vorsichtig unter fließendem kaltem Wasser innen und außen waschen und trocken tupfen. Die Fische auseinandergeklappt jeweils mit dem Rücken nach unten auf Küchenpapier legen. Die Innenseiten mit Zitronensaft beträufeln und mit Salz und Pfeffer würzen.

2 Die Zwiebel schälen und in feine Streifen schneiden. Die Paprikaschote längs halbieren, entkernen, waschen und ebenfalls in feine Streifen schneiden. Die Petersilie waschen und trocken schütteln, die Blätter abzupfen und fein hacken. Die Hälfte der Sardinen mit Petersilie, Zwiebel- und Paprikastreifen belegen und mit jeweils 1 Sardine bedecken.

3 Das Maismehl mit dem Kreuzkümmel und dem Paprikapulver auf einem flachen Teller mischen. Die Eier in einem tiefen Teller verquirlen. Die gefüllten Fische zuerst im Maismehl wenden, dann durch die verquirlten Eier ziehen.

4 Reichlich Öl in einer großen Pfanne erhitzen. Es ist heiß genug, wenn sich an einem hineingehaltenen Holzlöffelstiel Blasen bilden. Die gefüllten Sardinen darin auf beiden Seite goldbraun frittieren. Herausnehmen und auf Küchenpapier abtropfen lassen. Nach Belieben mit roten Zwiebelringen und Rucolablättern garnieren und mit Zitronenspalten servieren.

TIPP   *Lassen Sie die Fische vom Fischhändler ausnehmen, die Mittelgräten heraustrennen und die Köpfe abtrennen, so dass man die Fische auseinanderklappen kann.*

Gegrillter Oktopus
mit Limettenbutter

ZUBEREITUNG // 🕐 35 min // ⏳ 4 h

1 Den Oktopus waschen und in einem Topf knapp mit Wasser bedecken. Mit Salz würzen, einmal aufkochen und bei schwacher Hitze etwa 15 Minuten köcheln lassen. Danach den Oktopus im Sud etwa 4 Stunden abkühlen lassen.

2 Die Butter mit Limettensaft und -schale verrühren und mit Salz und Pfeffer würzen. Möhren und Knoblauch schälen, Möhren in feine Streifen, die Knoblauchzehen in feine Scheiben schneiden. 1 Knoblauchzehe durchpressen, mit 1 EL Olivenöl verrühren und die Oliven darin marinieren.

3 Den Oktopus herausnehmen und abtropfen lassen. Die Fangarme abtrennen und in mundgerechte Stücke schneiden, den Körper in Ringe schneiden. Mit Salz und Pfeffer würzen. Das restliche Olivenöl in einer Grillpfanne erhitzen und die Oktopusstücke darin hellbraun braten. Inzwischen das Baguette unter dem Backofengrill rösten. Die restliche Knoblauchzehe halbieren und das Brot damit einreiben.

4 Den Oktopus mit Oliven und Brotscheiben anrichten, etwas Limettenbutter darauf schmelzen lassen. Mit Möhrenstreifen, Knoblauchscheiben und Korianderblättern garnieren.

ZUTATEN FÜR 4 PERSONEN

1 großer Oktopus
(ca. 800 g; küchenfertig)
Salz
4 EL weiche Butter
Saft und abgeriebene Schale
von ½ Bio-Limette
Pfeffer aus der Mühle
2 Möhren
4 Knoblauchzehen
ca. 3 EL Olivenöl
15 grüne Oliven
12 kleine Scheiben Baguette
2 EL Korianderblätter

400 g Cocktailtomaten

12 Kumquats

24 frische Lorbeerblätter

600 g Schwertfischfilet

2 Knoblauchzehen

½ Bund Petersilie

6 EL Olivenöl

Saft und abgeriebene Schale von
1 Bio-Zitrone

150 g Salatblätter (z. B. Romana-,
Batavia- oder Eichblattsalat)

Salz · Pfeffer aus der Mühle

2 TL Honig

Schwertfischspieße
mit Kumquats

ZUBEREITUNG // 🕐 25 min // 💧 2 h

1 Die Cocktailtomaten und Kumquats waschen
und trocken tupfen, die Kumquats halbieren.
Die Lorbeerblätter waschen und trocken tupfen. Das Fischfilet waschen, trocken tupfen
und in 2 bis 3 cm große Würfel schneiden.
Fisch, Tomaten, Lorbeerblätter und Kumquats
abwechselnd auf acht Holzspieße stecken.

2 Den Knoblauch schälen und in feine Würfel
schneiden. Die Petersilie waschen und trocken
schütteln, die Blätter abzupfen und fein hacken. Für die Marinade 4 EL Olivenöl mit
1 EL Zitronensaft, der Zitronenschale, dem
Knoblauch und der Petersilie verrühren. Die

Fischspieße in der Marinade wenden und
zugedeckt im Kühlschrank etwa 2 Stunden
ziehen lassen.

3 Die Salatblätter waschen, trocken schleudern
und in Stücke zupfen. Die Spieße mit Salz und
Pfeffer würzen. Auf dem Holzkohlen- oder
Elektrogrill 3 bis 4 Minuten grillen, dabei
gelegentlich wenden. Den Salat auf Tellern
anrichten. Das restliche Olivenöl mit dem
Zitronensaft und dem Honig verrühren und
mit Salz und Pfeffer würzen. Den Salat damit
beträufeln und die Spieße darauf anrichten.

Samke Harra
Scharfe Fischpfanne aus dem Libanon

ZUTATEN FÜR 4 PERSONEN

2 Zwiebeln

1 Knoblauchzehe

2–3 rote Chilischoten

1 rote Paprikaschote

2 EL Olivenöl

50 g gehackte Erdnüsse

ca. 200 ml Fischfond

2 Tomaten

1 EL Kapern

1–2 EL Zitronensaft

Salz · Pfeffer aus der Mühle

4 Fischfilets (à ca. 160 g;
z. B. Kabeljau oder Rotbarsch)

gemahlener Kreuzkümmel

Korianderblätter

ZUBEREITUNG // 🕐 20 min // 🍳 25 min

1 Die Zwiebeln und den Knoblauch schälen und beides in feine Würfel schneiden. Die Chilischoten und die Paprikaschote längs halbieren, entkernen und waschen. Die Chilischoten in feine Streifen schneiden, die Paprikaschote in kleine Würfel.

2 In einer Pfanne das Olivenöl erhitzen und die Chili- und die Paprikaschote darin andünsten. Die Erdnüsse dazugeben und 2 Minuten mitbraten. Mit dem Fond ablöschen und aufkochen.

3 Die Tomaten kreuzweise einritzen, überbrühen, häuten, vierteln, entkernen und klein schneiden. Die Kapern gut abtropfen lassen und grob hacken. Tomaten und Kapern zum Gemüse in die Pfanne geben und den Zitronensaft darüberträufeln. Mit Salz und Pfeffer würzen und bei mittlerer Hitze etwa 10 Minuten köcheln lassen.

4 Die Fischfilets waschen, trocken tupfen und mit Salz und Pfeffer würzen. In der Sauce zugedeckt 6 bis 8 Minuten bei schwacher Hitze gar ziehen lassen.

5 Die Sauce mit Salz, Pfeffer, Zitronensaft und Kreuzkümmel abschmecken und das Fischgericht mit Koriander garniert servieren. Dazu schmeckt Basmatireis.

SÜSSES

Granatapfelgelee
mit Joghurt

ZUTATEN FÜR 4–6 PERSONEN

12 Blatt Gelatine
1 Granatapfel
½ l Granatapfelsaft
½ l roter Traubensaft
1 Limette
150 Naturjoghurt
150 g Sahne

ZUBEREITUNG // 🕐 30 min // ❄ 3 h 30 min

1 Die Gelatine in kaltem Wasser einweichen. Den Granatapfel halbieren und entkernen (siehe S. 23) und den Saft dabei auffangen. Mit dem Granatapfelsaft, dem Traubensaft und 200 ml Wasser erhitzen.

2 Die Limette halbieren, den Saft auspressen und zum Granatapfelsaft geben. Die Gelatine ausdrücken und in der warmen Flüssigkeit auflösen. In eine große Schüssel geben, abkühlen lassen und kühl stellen.

3 Sobald die Masse zu gelieren beginnt (nach etwa 30 Minuten), die Granatapfelkerne auf dem Gelee verteilen und mindestens weitere 3 Stunden kühlen.

4 Kurz vor dem Servieren den Joghurt mit der Sahne glatt rühren. Das Gelee auf Dessertschälchen verteilen, mit der Joghurtsahne beträufeln und servieren.

TIPP *Wer auf Gelatine verzichten möchte, kann stattdessen auch ein pflanzliches Geliermittel wie z.B. Agar-Agar verwenden. Hier die Dosierung der Packungsanleitung beachten, sie variiert je nach Hersteller.*

Mein Lieblingsrezept für...

ein Dessert

MILCHPUDDING MIT ROSENWASSER

🕐 35 min // ❄ 2 h // Für 12 Stück

1 ½ Vanilleschote längs halbieren und das Mark herauskratzen.

2 1 l Milch mit 80 g Zucker, Vanillemark und 1 Prise Salz aufkochen. 50 g Speisestärke mit kaltem Wasser glatt rühren, mit dem Schneebesen in die kochende Vanillemilch rühren und kurz köcheln lassen. 4 TL Rosenwasser unterrühren, den Pudding in 12 kleine Schälchen füllen und 2 Stunden kühl stellen.

3 Den Backofen auf 180 °C vorheizen, ein Backblech mit Backpapier belegen und einen Ring (8 cm Durchmesser) daraufsetzen. 50 g Kataifiteig in 12 Portionen teilen und die Teigfäden jeweils mithilfe des Rings zu Nudelnestern formen.

4 Die Nudelnester mit 6 EL flüssiger Butter bepinseln und mit je 1 EL Puderzucker bestäuben. Im Ofen auf der mittleren Schiene etwa 10 Minuten goldbraun backen. Herausnehmen, abtropfen und abkühlen lassen.

5 Milchpudding mit 1 EL getrockneten Rosenblättern und den Nudelnestern garnieren.

5

6

Orangenreis mit Pistazien
und getrockneten Aprikosen

ZUBEREITUNG // 🕐 15 min // 🍳 20 min

1 Zwei Orangen halbieren und den Saft auspressen. Den Saft mit der Zimtstange und
etwa 300 ml Wasser in einem Topf aufkochen. Den Reis in einem Sieb waschen, bis
das Wasser klar abläuft, in den Topf geben
und zugedeckt bei schwacher Hitze etwa
20 Minuten gar köcheln lassen.

2 Die Pistazien und die Haselnüsse in einer
Pfanne ohne Fett rösten, bis sie duften. Beiseitestellen, abkühlen lassen und hacken.
Die Aprikosen in kleine Stücke schneiden und
beides unter den Reis mischen.

3 Die restlichen Orangen so schälen, dass auch
die weiße Haut mit entfernt wird und das
Fruchtfleisch quer in Scheiben schneiden. Den
Joghurt mit dem Honig leicht verrühren.

4 Die Zimtstange aus dem Reis entfernen. Den
Orangenreis auf Tellern anrichten, die Orangenscheiben drauflegen und mit dem Honig-
joghurt beträufelt servieren.

ZUTATEN FÜR 4 PERSONEN

4 Orangen

1 Zimtstange

250 g Langkornreis

60 g Pistazienkerne

60 g Haselnusskerne

60 g getrocknete Aprikosen

300 g griechischer Joghurt

4 EL flüssiger Honig

4 Blatt Gelatine
einige Safranfäden
¼ l Milch
3 Eigelb
80 g Zucker
200 g Naturjoghurt

Joghurtcreme
mit Safran

ZUBEREITUNG // 🕐 20 min // ❄ 3 h

1 Die Gelatine nach Packungsanweisung in kaltem Wasser einweichen. Den Safran mit der Milch in einem Topf aufkochen lassen, dann die Hitze reduzieren.

2 Die Eigelbe mit dem Zucker und 6 EL Safranmilch in einer Schüssel verquirlen, nach und nach unter die restliche Safranmilch rühren. Die Milch so lange mit dem Schneebesen schlagen, bis sie eindickt. Die Masse darf dabei nicht kochen, gegebenenfalls den Topf vom Herd nehmen.

3 Die Gelatine tropfnass zur Creme geben und unter Rühren darin auflösen. Die Creme im kalten Wasserbad unter Rühren abkühlen lassen, dann den Joghurt unterheben.

4 Die Safrancreme in Dessertschälchen oder Gläser füllen und 3 Stunden kühl stellen. Nach Belieben mit Mandelkeksen servieren.

Gazellenhörnchen
mit Mandelfüllung

ZUTATEN FÜR CA. 35 STÜCK

Für den Teig

250 g Mehl

100 g Butter · Salz

1 EL Orangenblütenwasser

2 Eigelb

Mehl für die Arbeitsfläche

1 Eiweiß

Für die Füllung

2 EL Orangenblütenwasser

1 Ei · 100 g Puderzucker

250 g gemahlene Mandeln

½ TL abgeriebene
Bio-Orangenschale

¼ TL Zimtpulver

Puderzucker für die
Arbeitsfläche

Außerdem

Fett für das Backblech

Orangenblütenwasser
zum Bestreichen

Puderzucker zum Bestäuben

ZUBEREITUNG // 🕐 35 min // ▦ 15 min

1 Für den Teig das Mehl in eine Schüssel sieben. Die Butter und 1 Prise Salz dazugeben. Das Orangenblütenwasser mit 1 Eigelb und 4 EL Wasser in einer kleinen Schüssel verrühren, zur Butter-Mehl-Mischung geben und alles zu einem glatten Teig kneten. Den Teig zu einer Kugel formen, in Frischhaltefolie wickeln und etwa 30 Minuten kühl stellen.

2 Für die Füllung das Orangenblütenwasser mit dem Ei in einer Schüssel verrühren. Den Puderzucker, die Mandeln, die Orangenschale und den Zimt dazugeben und alles zu einer glatten Paste kneten.

3 Die Arbeitsfläche mit Puderzucker bestäuben und die Mandelpaste darauf zu einer Rolle formen. In etwa 35 Stücke teilen, jedes Stück zu einem etwa 4 cm langen Röllchen formen.

4 Den Backofen auf 200 °C vorheizen. Ein Backblech einfetten. Die Arbeitsfläche mit Mehl bestäuben und den Teig darauf sehr dünn ausrollen. Mit einem runden Ausstecher (etwa 8 cm Durchmesser) Kreise ausstechen.

5 Auf jeden Teigkreis 1 Mandelröllchen legen, den Teigrand mit verquirltem Eiweiß bestreichen. Die Teigkreise zu Halbmonden zusammenklappen und die Ränder fest andrücken. Die Halbmonde zu Hörnchen krümmen.

6 Die Hörnchen auf das Backblech setzen. Das restliche Eigelb mit wenig Wasser verrühren und die Hörnchen damit bestreichen. Im Ofen auf der mittleren Schiene etwa 15 Minuten backen. Herausnehmen, kurz abkühlen lassen, mit Orangenblütenwasser bestreichen und mit Puderzucker bestäuben.

TIPP   *Orangenblütenwasser wird aus den Knospen des Orangenbaums gewonnen und schmeckt süß und herb zugleich. Für eine libanesische Limonade pressen Sie 2 Zitronen aus, geben den Saft mit Zucker in einen Krug, füllen mit 4 großen Gläsern kaltem Wasser auf, geben etwas Orangenblütenwasser dazu und rühren um. Nach Belieben abschmecken und ein paar frische Minzblätter dazugeben.*

Lokum

mit Kokos und Mandeln

ZUBEREITUNG // 🕐 30 min // ⏳ 2 h

1 Eine rechteckige Form (z.B. ein kleines Backblech oder eine Auflaufform) mit Frischhaltefolie auslegen. Reismehl und Zucker in einem
Topf mischen, mit 1,2 l Wasser anrühren und
unter gelegentlichem Rühren aufkochen.

2 Das Zitronensalz hinzufügen und unter Rühren weiterkochen, bis die Masse eine form-
bare Konsistenz hat. Um die Konsistenz zu
prüfen, mit einem Teelöffel etwas von der
Zucker-Reismehl-Masse abstechen und in
sehr kaltem Wasser mit den Fingern zu einer
Kugel formen.

3 Ist die Kugel elastisch, wenn man sie aus dem
Wasser nimmt, hat sie die richtige Konsistenz.
Die Masse in die ausgelegte Form gießen und
glatt streichen. Etwa 2 Stunden abkühlen und
erstarren lassen.

4 Ein Küchenbrett mit Kokosraspeln bestreuen
und die erstarrte Masse aus der Form darauf-
stürzen. Die Folie abziehen. Die Masse in
gleichmäßig breite Streifen schneiden und in
den Kokosraspeln wenden. Die Streifen in
Scheiben schneiden und in jedes Lokum eine
Mandel drücken.

ZUTATEN FÜR CA. 60 STÜCK

250 g Reismehl

1 kg Zucker

2 Msp. Zitronensalz

200 g Kokosraspel

blanchierte Mandeln zum Garnieren

ZUTATEN FÜR 4 PERSONEN

1 Bio-Zitrone
200 g getrocknete Feigen
100 g Mandelstifte
100 g Pinienkerne
2 EL Butter
8 EL Honig
½ TL Zimtpulver
800 g griechischer Joghurt

Feigenjoghurt
mit Honig und Zimt

ZUBEREITUNG // 🕐 20 min // ⏳ 30 min

1 Die Zitrone heiß waschen und trocken reiben.
Die Schale fein abreiben, die Zitrone halbieren und den Saft auspressen. Die Feigen in
kleine Würfel schneiden.

2 Mandelstifte und Pinienkerne in einer großen
beschichteten Pfanne ohne Fett rösten, bis sie
leicht gebräunt sind. Die Butter hinzufügen
und erhitzen. Die Feigenwürfel dazugeben
und 3 Minuten anbraten. Zitronenschale und
-saft sowie die Hälfte des Honigs hinzufügen
und alles verrühren.

Die Pfanne vom Herd nehmen und die Feigenmischung 30 Minuten abkühlen lassen.

3 Das Zimtpulver unter den Joghurt rühren
und den Joghurt auf Schälchen verteilen.
Die Feigenmischung darauf anrichten und
den restlichen Honig darüberträufeln. Den
Feigenjoghurt nach Belieben mit je 1 Streifen
Bio-Zitronenschale garniert servieren.

Pistazieneis
mit Vanille und Honig

1 Vanilleschote
½ l Milch
250 g Sahne
7 Eigelb
180 g feinster Zucker
120 g gehackte Pistazien
2 EL Honig

ZUBEREITUNG // ⏱ 25 min // ❄ 30 min

1 Die Vanilleschote der Länge nach einschneiden und das Mark mit einem Messer herauskratzen. Die Milch und die Sahne in einem Topf erwärmen und das Vanillemark unterrühren. Einmal aufkochen und den Topf vom Herd nehmen.

2 Die Eigelbe mit dem Zucker in eine Schüssel geben und mit den Quirlen des Handrührgeräts schaumig rühren. Die heiße Milch nach und nach unter die Eigelbcreme rühren. Die Creme in einen Topf geben und bei schwacher Hitze erwärmen, bis sie eindickt, dabei ständig rühren. Die Creme darf auf keinen Fall kochen, sonst gerinnt das Eigelb.

3 Die Vanillecreme abkühlen lassen und zurück in die Schüssel geben. Die Pistazien mit dem Honig mischen und unter die Creme rühren. Die kalte Creme in die Eismaschine gießen und etwa 30 Minuten gefrieren lassen (oder die Creme in eine flache Metallschale füllen und im Tiefkühlfach 3 bis 4 Stunden gefrieren lassen; siehe Tipp).

4 Zum Servieren mit einem Eisportionierer Kugeln abstechen und das Eis nach Belieben mit Pistazien bestreut servieren.

TIPP   *Lässt man die Eismasse nicht in der Eismaschine, sondern in einer Form gefrieren, dann ist es wichtig, das Eis in der ersten Stunde häufiger mit einer Gabel durchzurühren. Das verhindert, dass sich zu große Eiskristalle bilden – und das Eis wird schön cremig.*

Persische Krapfen
mit Datteln

ZUBEREITUNG // ⏱ 40 min // ⧖ 1 h

1 Die Hefe zerbröckeln und mit dem Zucker in der Milch auflösen. Dann mit Mehl, Ei, Butter, 1 Prise Salz, Zitronenschale, Zimt und Kardamom zu einem elastischen Teig verkneten. Den Teig zugedeckt an einem warmen Ort etwa 45 Minuten gehen lassen. Inzwischen die Datteln mit lauwarmem Wasser bedecken und 20 Minuten einweichen. Die Datteln mit dem Einweichwasser mit dem Stabmixer fein pürieren.

2 Den Teig auf der bemehlten Arbeitsfläche nochmals durchkneten und etwa 2 cm dick ausrollen. Mit einem Ausstecher etwa 15 Kreise (à 7 cm Durchmesser) ausstechen. Diese zugedeckt 15 Minuten gehen lassen.

3 Das Öl in einem großen Topf erhitzen. Es ist heiß genug, wenn sich an einem hineingehaltenen Holzlöffelstiel Blasen bilden. Die Teigkreise darin portionsweise von beiden Seiten goldbraun ausbacken. Die Krapfen herausnehmen und auf Küchenpapier abtropfen lassen. Das Dattelpüree mithilfe eines Spritzbeutels mit dünner Lochtülle in die Krapfen füllen. Die Krapfen mit Puderzucker bestäuben.

ZUTATEN FÜR 12–15 STÜCK

1 Würfel frische Hefe (42 g)

50 g Zucker

ca. 200 g lauwarme Milch

500 g Mehl

1 Ei

60 g weiche Butter

Salz

½ TL abgeriebene Bio-Zitronenschale

½ TL Zimtpulver

2 Msp. gemahlener Kardamom

150 g getrocknete Datteln

Mehl für die Arbeitsfläche

Öl zum Ausbacken

Puderzucker zum Bestäuben

ZUTATEN FÜR 4 PERSONEN

300 g Yufkateigblätter (oder Filoteig;
siehe S. 17)
100 g Walnusskerne
100 g Mandeln
100 g Pistazienkerne
2 Eiweiß
6 EL Ahornsirup
½ TL Zimtpulver
1–2 TL Rosenwasser
ca. 75 g flüssige Butter
125 g Zucker
2 EL Zitronensaft
Zimtpulver zum Bestäuben

Baklava
mit Ahornsirup

ZUBEREITUNG // ⏱ 30 min // ▦ 30 min

1 Die Yufkateigblätter vorsichtig voneinander lösen, nebeneinander auslegen und mit einem feuchten Tuch bedecken. Die Walnüsse und Mandeln im Blitzhacker fein zermahlen, die Pistazien grob hacken.

2 Den Backofen auf 200 °C Umluft vorheizen. Die Eiweiße zu steifem Schnee schlagen, 2 EL Ahornsirup, die Nüsse, Zimt und Rosenwasser unterheben. Eine ofenfeste Form (ca. 15 × 30 cm) mit etwas Butter einfetten und mit 3 bis 4 Teigblättern auslegen, dabei jedes Teigblatt mit Butter bestreichen. Etwas Nussmasse darauf verteilen. Den Vorgang wieder-

holen, bis die Zutaten verbraucht sind. Im heißen Ofen auf der mittleren Schiene etwa 30 Minuten backen.

3 Inzwischen den Zucker mit 125 ml Wasser in einem Topf aufkochen und kurz köcheln lassen, dann vom Herd ziehen. Die Zuckermasse etwas abkühlen lassen, Zitronensaft und restlichen Ahornsirup unterrühren.

4 Das Baklava aus dem Ofen nehmen und noch heiß mit dem Zuckersirup tränken. Auskühlen lassen, mit etwas Zimt bestreuen und in Stücke geschnitten servieren.

Arabischer Kaffeekuchen
mit Kardamom

ZUTATEN FÜR
1 KASTENFORM (30 CM)

Für den Mokka

1 EL Zucker

1 Msp. gemahlener Kardamom

2 gehäufte EL Mokkapulver

Für den Teig

weiche Butter und Weißbrotbrösel für die Form

200 g weiche Butter

150 g Zucker

1 EL Vanillezucker · Salz

abgeriebene Schale von
1 Bio-Orange

3 Eier · 350 g Mehl

1 TL Backpulver

50 g Speisestärke

100 g gemahlene Mandeln

Puderzucker zum Bestäuben

ZUBEREITUNG // ⏱ 30 min // 🍳 50 min

1 Für den Mokka den Zucker mit 150 ml Wasser, Kardamom
und dem Mokkapulver in einem Mokkakännchen verrühren
und aufkochen. Wenn der Kaffee aufschäumt, etwa ein Drittel davon in eine Schüssel gießen. Den restlichen Mokka nochmals aufschäumen lassen und alles in die Schüssel gießen.
Sobald sich der Kaffeesatz am Boden der Schüssel abgesetzt
hat, vorsichtig in eine weitere Schüssel umgießen und abkühlen
lassen.

2 Den Backofen auf 180 °C vorheizen. Die Form einfetten und
mit den Weißbrotbröseln ausstreuen.

3 Für den Teig die Butter mit dem Zucker schaumig rühren. Den
Vanillezucker, 1 Prise Salz und die Orangenschale unterrühren.
Die Eier nach und nach dazugeben und unterrühren. Das Mehl
mit dem Backpulver, der Stärke und den Mandeln mischen und
abwechselnd mit dem Mokka unter die Butter-Eimasse rühren,
bis ein geschmeidiger Teig entsteht.

4 Den Teig in die Form füllen und glatt streichen. Im Ofen auf
der mittleren Schiene etwa 50 Minuten backen. Gegen Ende der
Backzeit die Stäbchenprobe machen (siehe Tipp).

5 Den Kuchen herausnehmen und auskühlen lassen. Den Kaffee-
kuchen mit Puderzucker bestäubt servieren.

TIPP *Mit der Stäbchenprobe kann man testen, ob ein Rührkuchen fertig
gebacken ist. Dafür sticht man mit einem Holzspieß in die Kuchenmitte und zieht diesen wieder
heraus. Wenn kein flüssiger Teig mehr am Stäbchen klebt, dann ist der Kuchen fertig.*

Grieß-Joghurt-Kuchen
mit Pistazien

ZUBEREITUNG // 🕐 35 min // 🍳 25 min

1 Für den Teig Grieß, Zucker, Kokosraspel,
1 Prise Zimt und Backpulver in einer Schüssel
mischen. Den Joghurt und das Öl unterrühren und den Teig zugedeckt etwa 30 Minuten
quellen lassen.

2 Inzwischen für den Sirup den Zucker mit dem
Rosenwasser und 300 ml Wasser in einem
Topf zum Kochen bringen und 3 bis 4 Minuten unter Rühren kochen lassen. Vom Herd
nehmen und abkühlen lassen. Den Backofen
auf 180 °C vorheizen. Die Form einfetten.

3 Den Teig in die Form füllen, glatt streichen
und im Ofen auf der mittleren Schiene etwa
25 Minuten goldbraun backen. Falls nötig gegen Ende der Backzeit mit Alufolie abdecken.

4 Den Grieß-Joghurt-Kuchen herausnehmen
und kurz abkühlen lassen. Mit einem Holz-
stäbchen mehrmals einstechen und mit dem
Sirup tränken. Mit gehackten Pistazien bestreuen, in Rauten schneiden und nach Belieben noch warm servieren.

ZUTATEN FÜR 1 RECHTECKIGE BACKFORM (CA. 30 × 20 CM)

Für den Teig

250 g feiner Weizengrieß

100 g Zucker

3 EL Kokosraspel

Zimtpulver

2 TL Backpulver

220 g Naturjoghurt

125 ml Öl

Fett für die Form

Für den Sirup

300 g Zucker

2 EL Rosenwasser

Zum Bestreuen

100 g gehackte Pistazien

250 g Hartweizengrieß

100 g Weichweizengrieß

1 TL Backpulver

1 EL Zucker

Salz

50 g flüssige Butter

200 ml Milch

Fett für das Waffeleisen

Honig zum Servieren

Harcha

Marokkanische Grießwaffeln

ZUBEREITUNG // 🕐 10 min // ⧖ 15 min

1 Für den Teig beide Grießsorten in einer Schüssel mit dem Backpulver, dem Zucker und 1 Prise Salz mischen. Die Butter dazugeben und mit der Milch zu einem glatten Teig verrühren. Etwa 15 Minuten ruhen lassen.

2 Aus dem Teig kleine Kugeln formen. Das Waffeleisen vorheizen und einfetten, sobald es heiß genug ist. Die Teigkugeln flach drücken und portionsweise im Waffeleisen goldbraun ausbacken.

3 Die Harcha noch warm sofort servieren und nach Belieben mit Honig beträufeln.

Schokoladenkuchen
mit Datteln und Pistazien

ZUTATEN
FÜR 1 NAPFKUCHENFORM

Butter und Mehl für die Backform

200 g Datteln

2 EL Rosenwasser

250 g Zartbitterkuvertüre

125 g weiche Butter

75 g Zucker

1 EL Vanillezucker

4 Eier

100 g Naturjoghurt · Salz

½ TL Zimtpulver

250 g Mehl

1 TL Backpulver

50 g gehackte Pistazien

2–3 EL gehackte Pistazien

ZUBEREITUNG // ⏱ 40 min // ▦ 45 min

1 Den Backofen auf 180 °C vorheizen. Die Napfkuchenform einfetten und mit Mehl bestäuben. Die Datteln halbieren, entsteinen, in Stücke schneiden und mit dem Rosenwasser mischen.

2 100 g Kuvertüre hacken und in einer Metallschüssel im heißen Wasserbad unter Rühren schmelzen. Die Butter mit dem Zucker und Vanillezucker schaumig rühren. Die Eier einzeln unterrühren. Den Joghurt mit 1 Prise Salz, dem Zimt und der geschmolzenen Kuvertüre verrühren. Das Mehl mit dem Backpulver mischen und mit der Joghurtmischung zu einem glatten Teig verrühren.

3 Die Datteln und die Pistazien unterrühren. Den Teig in die Form füllen, glatt streichen und im Ofen auf der mittleren Schiene etwa 45 Minuten backen (Stäbchenprobe machen; siehe Tipp S. 156). Herausnehmen und kurz in der Form abkühlen lassen. Auf ein Kuchengitter stürzen und auskühlen lassen.

4 Für die Garnitur die restliche Kuvertüre hacken und in einer Metallschüssel im heißen Wasserbad unter Rühren schmelzen. Den Schokoladenkuchen damit bestreichen, noch feucht mit den gehackten Pistazien bestreuen und fest werden lassen.

TIPP   *Statt frischer Datteln können auch getrocknete verwendet werden.*
Einfach 100 g mit 5 bis 6 EL heißem Wasser übergießen und etwas quellen lassen.

Feigenkuchen

mit Walnüssen und Honig

ZUBEREITUNG // ⏱ 30 min // 🍳 1 h

1   Von den Feigen die Stielansätze entfernen, die Datteln entsteinen. Die Trockenfrüchte klein schneiden und mit dem Rum mischen. Die Walnüsse grob hacken und mit dem Honig mischen. Den Backofen auf 165 °C vorheizen. Die Kastenform mit Butter einfetten und mit Mehl bestäuben.

2   Die Butter mit 50 g Zucker und den Eigelben cremig rühren. Orangenschale, Vanillemark, Nelken- und Zimtpulver unterrühren. Die marinierten Früchte und die Walnüsse unter die Butter-Eigelb-Masse rühren.

3   Die Eiweiße mit 1 Prise Salz und dem restlichen Zucker cremig schlagen und abwechselnd mit dem Mehl unter die Butter-Frucht-Masse heben.

4   Den Teig in die Form füllen, glatt streichen und im Ofen auf der mittleren Schiene 50 bis 60 Minuten backen. Herausnehmen, 10 Minuten abkühlen lassen und vorsichtig auf ein Kuchengitter stürzen. Den Feigenkuchen vollständig auskühlen lassen und mit Puderzucker bestäuben.

ZUTATEN FÜR 1 KASTENFORM (25 CM)

100 g getrocknete Feigen

100 g getrocknete Datteln

4 EL Rum

100 g Walnusskerne

1 EL Honig

Butter und Mehl für die Form

100 g weiche Butter

150 g Zucker · 4 Eigelb

1 TL abgeriebene Bio-Orangenschale

Mark von 1 Vanilleschote

½ TL gemahlene Gewürznelken

1 TL Zimtpulver

4 Eiweiß · Salz

50 g Mehl

Puderzucker zum Bestäuben

ZUTATEN FÜR 60–70 STÜCK

2 ½ g Hefe (etwa 1 haselnussgroßes Stück)
125 g Mehl
60 g weiche Butter
4 EL Zucker · Salz
Mark von ½ Vanilleschote
Mehl für die Arbeitsfläche
40 g flüssiger Honig
90 g helle Sesamsamen
50 g Pistazienkerne

Pistazien-Sesam-Gebäck

mit Vanille

ZUBEREITUNG // 🕐 40 min

1 Den Backofen auf 180 °C vorheizen. Ein Backblech mit Backpapier belegen. Die Hefe zer-
krümeln und mit 2 ½ EL Wasser glatt rühren.
Das Mehl mit der Butter, dem Hefewasser,
dem Zucker, 1 Prise Salz und dem Vanillemark mit den Knethaken des Handrührgeräts
verkneten.

2 Den Teig halbieren und auf der leicht bemehlten Arbeitsfläche zu 2 Rollen (2 ½ bis 3 cm
Durchmesser) formen.

3 Den Honig mit 2 TL Wasser in einem tiefen
Teller verrühren und den Sesam untermi-

schen. Die Pistazien klein hacken und in einen
zweiten tiefen Teller geben.

4 Die Teigrollen in 4 bis 5 mm dicke Scheiben
schneiden. Die Plätzchen mit einer Seite in
den Sesamhonig legen, dann mit der zweiten
Seite leicht in die Pistazien drücken. Mit der
Pistazienseite nach unten mit etwas Abstand
auf das Blech setzen. Das Gebäck im Ofen auf
der mittleren Schiene 10 bis 12 Minuten backen.

Orangenkuchen
mit Granatapfelkernen

ZUTATEN FÜR
1 TARTEFORM (26 CM Ø)

Für den Teig
100 g Mehl
100 g geschälte,
gemahlene Mandeln
150 g kalte Butter
70 g Zucker · 1 Ei

Für die Creme
100 g Sahne
Mark von 1 Vanilleschote
50 g geschälte, gemahlene Mandeln
4 EL Zucker
2 EL Speisestärke
2 Eigelb

Für den Belag
4 kleine Orangen (vorzugsweise
ohne Kerne)
1 Granatapfel

Für den Guss
Saft von 2 Orangen
2 EL Zucker
1 EL Speisestärke
2 EL gehackte Pistazien

Außerdem
Fett für die Form
Mehl für die Arbeitsfläche
getrocknete Hülsenfrüchte
zum Blindbacken

ZUBEREITUNG // 🕐 45 min // 🍳 20 min // ❄ 1 h 30 min

1 Für den Teig das Mehl und die Mandeln auf die Arbeitsfläche häufen und in die Mitte eine Mulde drücken. Die Butter in Würfel schneiden und mit dem Zucker und dem Ei in die Mehlmulde geben. Alles mit den Händen rasch zu einem glatten Teig verkneten. Diesen zu einer Kugel formen, in Frischhaltefolie wickeln und mindestens 30 Minuten kühl stellen.

2 Inzwischen für die Creme die Sahne mit dem Vanillemark unter Rühren zum Kochen bringen, die Mandeln und den Zucker hinzufügen und kurz mitkochen. Die Stärke mit wenig kaltem Wasser glatt rühren und unter die kochende Creme rühren, einmal aufkochen und beiseitestellen. Die Eigelbe verquirlen und 1 EL Sahnecreme unterrühren, zügig unter die restliche Sahnecreme rühren und die Creme unter Rühren abkühlen lassen.

3 Den Backofen auf 200 °C vorheizen und die Tarteform einfetten. Den Teig auf der bemehlten Arbeitsfläche etwa 5 cm größer als die Form rund ausrollen. Die Tarteform mit dem Teig auskleiden, dabei einen Rand formen. Den Teigboden mit einer Gabel mehrfach einstechen, mit Backpapier und Hülsenfrüchten belegen und im Ofen auf der mittleren Schiene etwa 15 Minuten blindbacken. Das Papier mit den Hülsenfrüchten entfernen und den Teigboden weitere 5 Minuten fertig backen.

4 Für den Belag die Orangen so gründlich schälen, dass auch die weiße Haut mit entfernt wird, und in Scheiben schneiden. Aus dem Granatapfel die Kerne herauslösen. Den abgekühlten Teigboden mit der Creme bestreichen, mit den Orangenscheiben und den Granatapfelkernen belegen.

5 Für den Guss den Orangensaft durch ein Sieb in einen kleinen Topf gießen, mit dem Zucker und der Stärke glatt rühren und unter Rühren langsam erhitzen. Einmal aufkochen und etwas abkühlen lassen. Den Guss über den Kuchen verteilen, den Kuchen mit Pistazien bestreuen und 1 Stunde kühl stellen.

Register

Bildnachweis

UMSCHLAG

Eising Studio|Food Photo & Video
(Rezept Seite 121)

INNENTEIL

S. Eising, M. Görlach: 2–3, 14–15, 20, 23 (2.v.u.),
25 (o.), 34–35, 62-63, 71, 144–145, 162, 163, 165;
J. Kirchherr: 21 (u.), 25 (u.), 148; Kramp & Gölling:
93, 101, 151; T. Krejtschi: 11
STOCKFOOD: M. Adsbol: 117; Y. Aeem El Alaily:
115; Bauer Syndication: 114; S. Baxter: 152;
M. Boyny: 77; R. Castilho: 83; J. Cazals: 47, 57, 76,
119; R. Comet: 52–53, 65; A. Deimling-Ostrinsky:
42, 43, 48; Drool LTD, W. Lingwood: 147;
S. Eising: 29, 45, 64, 127, 130; Eising Studio|Food
Photo & Video: 4-5, 6–7, 8–9, 10–11, 12–13, 14–
15, 16–17, 16 (o.), 18-19, 20–21, 22–23, 23 (o.), 24,
24–25, 31, 80–81, 110–111, 120, 132–133, 160;
L. Ellert: 56; E. Fenot: 66; Foodcollection: 51; Food-
Photography Eising: 26–27, 33, 39, 50, 69, 75, 89,
90, 95, 100, 104, 106, 107, 126, 128, 135, 136, 150;
B. Gallai: 30; Gräfe & Unzer Verlag / mona binner
PHOTOGRAPHIE: 146; J.Gregson: 112; P. Gross:
22 (2), (3), (4); W. Heinze: 87, 137; A. Hbrokovà:
98; Jalag / M. Neubauer: 55, 68, 157; Johansen:
122–123, 131; H. Johnson: 85; A. Jokinen: 88;
C. Kibbles: 142; H. Lehmann: 17 (re.); J. Liebenstein:
46, 92; L. Lister: 23 (u.), 60; E. Lokven: 23 (M.);
B. Lutterbeck: 61; A. Mackevicius: 139; G. Mor-
gans: 84; PhotoCuisine / B. Norris: 140–141, 155; /
J. Riou: 16 (u.); / Studio: 41; S. Zitouni: 59; A. Pizzi:
38; A. Plewinsky: 72–73, 78; E.Rejmer: 17 (li.);
Shaffer /Smith Photogragphy: 36; E.Silverman: 96–
97, 108; Y. Strokin: 21 (o.); A. Tieuli: 154; A.
Young: 103; Westend61: 22 (1); T.Zouev: 124, 158.

DIE REZEPTSYMBOLE

🕐 – Zubereitungszeit

🍴 – Garzeit

⧗ – Wartezeit

❋ – Kühlzeit

💧 – Einweich-/Marinierzeit

© 2016 **ZS Verlag GmbH**
Kaiserstraße 14 b
D-80801 München

ISBN 978-3-89883-592-3
1. Auflage 2016

Projektleitung: Martina Solter, Eva-Maria Hege
Rezepte & Texte: Anna Cavelius
Redaktionelle Mitarbeit &
Lektorat: Katinka Holupirek
Grafische Gestaltung: Irene Schulz
Fotografie: siehe Bildnachweise
Herstellung: Peter Karg-Cordes
Producing: Jan Russok
Druck & Bindung: optimal media Gmbh, Röbel

Die ZS Verlag GmbH ist ein Unternehmen
der Edel AG, Hamburg.
www.zsverlag.de | www.facebook.com/zsverlag

Auf den Geschmack gekommen?

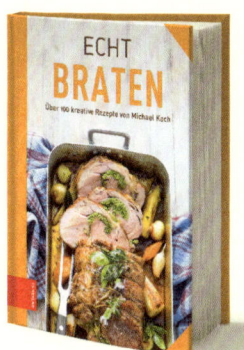

Echt knusprig

Michael Koch
Echt Braten

€ [D] 9,99
978-3-89883-496-4

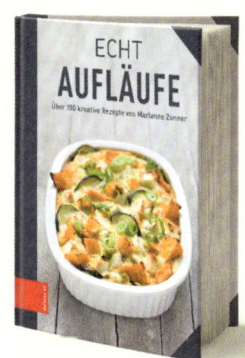

Echt heiß

Marianne Zunner
Echt Aufläufe

€ [D] 9,99
978-3-89883-521-3

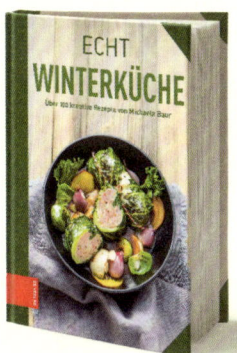

Echt wärmend

Michaela Baur
Echt Winterküche

€ [D] 9,99
978-3-89883-497-1

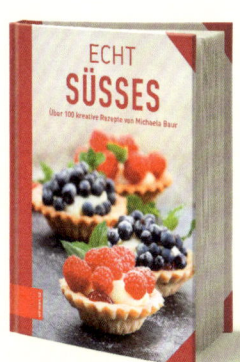

Echt himmlisch

Michaela Baur
Echt Süßes

€ [D] 9,99
978-3-89883-593-0

Gleich weiterlesen!

Jetzt überall,
wo es gute Bücher gibt.